奥田宏司
代田　純 編
櫻井公人

深く学べる
国際金融

持続可能性と
未来像を問う

法律文化社

まえがき

　本書は『現代国際金融―構図と解明〔第3版〕』（2016年）を引き継ぐテキストである。今回，書名を改め，版の大きさも変更した。これらの改訂には多くの学生諸君，若いビジネスパーソンに手にしてもらいたいと願うとともに，国際金融の基本を深く掘り下げて学んでもらいたいという趣旨が含まれている。しかし，文章表現は第3版よりもわかりやすく，できるだけ理解しやすいようにと各執筆者にはお願いした。前書よりも平易になっているものと思っている。

　それでも，第2章，第3章，第5章は少し難しいであろう。これらの章では，国際金融の基本を扱っているが，理論的あるいは金融上の慣れない用語が含まれている。第2章では，「持高」「為替スワップ」「為替調整取引」など，第3章では「ユーロカレンシー」「デリバティブ」「オプション」など，第5章では「マクロ・プルーデンス」「証券化」「レポ取引」など，である。読者の皆さんには，これらの章では「じっくり」腰を据えて取り組んでもらいたい。

　さて，今回の改訂に際してわれわれが意識していた諸点は以下である。第1に，リーマンショックから10年を経過した国際金融，国際通貨体制の状況の変化，第2に，ギリシャ危機を契機とするユーロ不安が現在のユーロ体制，欧州経済に与えている諸影響，第3に，中国がグローバル・サプライチェーンに占める位置と，米中経済対立がドル体制に及ぼすインパクト，第4に，以上の世界経済，国際金融上の変化がある中での日本の経常収支黒字の減少と金融政策の限界，などである。

　しかし，この5～6年ほどの以上のグローバルな諸変化をできるだけ反映させようとしているが，本書はテキストとしての性格上，詳細にそれらを論じつくすものではない。国際金融について深く学ぼうとする学生諸君，若いビジネスパーソンが国際金融の基本を踏まえて，現代の諸問題をより深く探求できる筋道を示すにとどまっているであろう。

　また，紙幅の制限のために論述を切り詰める必要があったことから，十分に

論述できなかった章もあろう。さらに，1990年代，2010年代における諸問題，諸テーマに関しては，現在も影響が続いているにもかかわらず割愛せざるを得なかった。本テキストの前身である『現代国際金融──構図と解明』の初版，第2版，第3版を参照していただきたい。

　今日，国際金融，国際通貨体制についての知識なくして，アメリカ経済，ヨーロッパ経済，中国経済はもちろん，日本経済の今後のあり様についても見通しをもつことは困難であろう。本書が大学でのテキストとしてだけではなく，若いビジネスパーソンなど広く国民に読まれることを願っている。

　今回の改訂にはこの2年にわたる数回の研究会，打ち合わせ等が必要であった。田中綾一教授には事務局を担当してもらった。また，法律文化社の小西英央氏には改訂版の出版を快諾していただき，編集上の作業においてもお世話になった。両氏に謝意を表したい。

　　2019年12月

編　者

目　次

まえがき

略語一覧

第1章　国際収支 —————————————————— 1

1　国際収支の特徴 ……………………………………………… 1

2　経常収支 …………………………………………………… 3

3　資本移転等収支 …………………………………………… 5

4　金融収支 …………………………………………………… 6

5　誤差脱漏 …………………………………………………… 8

6　国際収支の分析視点 ……………………………………… 9

7　主要国および地域の国際収支動向 ……………………… 10

第2章　外国為替と国際通貨体制 ———————————— 15

1　外国為替の基本 …………………………………………… 15

2　外国為替市場の構造と外国為替相場の見方 ……………… 17

3　外国為替取引の現状 ……………………………………… 22

4　国際決済の仕組みと国際通貨 …………………………… 26

5　為替相場の決定要因 ……………………………………… 31

6　国際通貨の機能と国際通貨体制 ………………………… 36

第3章　現代の国際金融・資本市場 ———————————— 45

1　国際金融・資本市場の発展 ……………………………… 45

2　国際金融・資本市場と諸ファンド・機関投資家 ………… 56

第**4**章　ドル体制の変遷と現状 ——————————— 62

　　1　ドル体制と国際信用連鎖 ……………………………… 62

　　2　今世紀のドル体制 …………………………………… 67

　　3　2つの論点 …………………………………………… 73

第**5**章　アメリカ金融市場，金融政策の現状 ————————— 77

　　1　新たな金融監督体制，金融規制 ……………………… 77

　　2　金融危機後の金融機関 ……………………………… 81

　　3　新たな負債の発生と金融危機への危惧 ……………… 85

第**6**章　ユーロ体制の現状とユーロシステムの金融政策 — 92

　　1　共通通貨ユーロとは ………………………………… 92

　　2　ユーロ体制の現状 …………………………………… 96

　　3　ユーロシステムの金融政策 ………………………… 105

　　4　ECB による非伝統的金融政策 …………………… 107

　　5　ユーロシステムの決済機構 TARGET …………… 112

第**7**章　新興国の金融問題 ——————————————— 117

　　1　途上国と開発金融 …………………………………… 117

　　2　1980年代中南米の累積債務危機 …………………… 118

　　3　1990年代の通貨危機 ……………………………… 120

　　4　21世紀の新興国経済 ……………………………… 126

第**8**章　米中摩擦と人民元 ——————————————— 131

　　1　中国経済と米中摩擦 ………………………………… 131

　　2　21世紀の中国経済と金融 …………………………… 135

　　3　人民元・国際化の現状 ……………………………… 142

第**9**章 日本の経常収支と金融政策 ————— 153

1 日本の経常収支と為替レート ……………………………………… 153

2 日本銀行の金融緩和と為替レート ……………………………… 158

3 日本の株式・国債市場における海外投資家 ……………………… 162

あとがき

執筆者紹介

略語一覧

ABCP（Asset Backed Commercial Paper）　　資産担保コマーシャルペーパー
ADB（Asian Development Bank）　　アジア開発銀行
AIIB（Asian Infrastructure Investment Bank）　　アジアインフラ投資銀行
AMF（Asian Monetary Fund）　　アジア通貨基金
APP（Asset Purchase Programme）　　資産買入プログラム
BIS（Bank for International Settlements）　　国際決済銀行
BRICs（Brazil, Russia, India, China）　　ブラジル，ロシア，インド，中国
CBDC（Central Bank Digital Currency）　　中央銀行デジタル通貨
CCP（Central CounterParty）　　中央清算機関
CLO（Collateralized Loan Obligation）　　ローン担保証券
CMI / CMIM　　チェンマイ・イニシアチヴ（のマルチ化）
　　（Chiang Mai Initiative / Multilateralisation）
CNH（ChiNese Hongkong）　　香港などのオフショア市場での人民元
CNY（ChiNese Yuan）　　中国本土での人民元
CPI（Consumer Price Index）　　消費者物価指数
DAC（Development Assistance Committee）　　OECD の開発援助委員会
ECB（European Central Bank）　　欧州中央銀行
EMU（Economic and Monetary Union）　　経済通貨同盟
EONIA（Euro OverNight Index Average）　　ユーロ翌日物平均金利
ESAF（Enhanced Structural Adjustment Facility）　　IMF の拡大構造調整ファシリテイ
ESCB（European System of Central Banks）　　欧州中央銀行制度
EU（European Union）　　欧州連合
EURIBOR（EURo InterBank Offered Rate）　　欧州銀行間取引金利
FRB（Federal Reserve Board（Bank））　　連邦準備制度理事会，連邦準備銀行
FSB（Financial Stability Board）　　金融安定理事会
FSOC（Financial Stability Oversight Council）　　金融安定監督協議会
GDP（Gross Domestic Product）　　国内総生産
GE（Grant Element）　　グラント・エレメント
　　　　　　　　　　　　　　（援助条件の緩やかさを示す指標）
GSE（Government Sponsored Enterprises）　　政府系住宅公社
HFT（High Frequency Trade）　　高速売買

略語一覧 vii

HICP（Harmonized Indices of Consumer Prices）	ユーロ地域全体の消費者物価指数
IBRD（International Bank for Reconstruction and Development）	国際復興開発銀行 　（世界銀行グループの1機関）
IDA（International Development Association）	国際開発協会 　（世界銀行グループの1機関）
IMF（International Monetary Fund）	国際通貨基金
IoT（Internet of Things）	モノのインターネット
M&A（Mergers and Acquisitions）	企業の合併・買収
MBS（Mortgage-Backed Securities）	モーゲージ（不動産抵当貸付）担保証券
MFN（Most Favoured Nation treatment）	最恵国待遇
NIEs（Newly Industrializing Economies）	新興工業経済地域群
ODA（Official Development Assistance）	政府開発援助
OECD（Organisation for Economic Co-operation and Development）	経済協力開発機構
OPEC（Organization of the Petroleum Exporting Countries）	石油輸出国機構
PPP（Parity of Purchasing Power）	購買力平価
PSPP（Public Sector Purchase Programme）	公的部門買入プログラム
QDII（Qualified Domestic Institutional Investors）	適格国内機関投資家
QE（Quantitative Easing）	量的緩和
QFII（Qualified Foreign Institutional Investors）	適格外国機関投資家
REIT（Real Estate Investment Trust）	不動産投資信託
S&L（Savings and Loan Association）	貯蓄貸付組合
SDR（Special Drawing Rights）	IMFの特別引出権
SIFIs（Systematically Important Financial Institutions）	システム上重要な金融機関
SPV（Special Purpose Vehicle）	特別目的体
SWF（Sovereign Wealth Fund）	政府系ファンド
TARGET（Trans-European Automated Real-time Gross settlement Express Transfer system）	汎欧州即時グロス決済システム
TLTRO（Targeted Longer-Term Refinancing Operations）	対象を絞った長期リファイナンスオペ

第1章 国際収支

　国際収支は，特定の国あるいは経済領域が一定期間に行なったすべての対外経済取引を，特定の方法で1つの表に体系的に集約して記録した統計である。国際収支は，国や地域の対外経済関係の把握また国際経済研究を行なう際の基本統計といえる。本章では，日本の国際収支を事例にして，国際収支の読み方を，基本的な事項を中心に説明する。

1　国際収支の特徴

全般的な計上原則　　国際収支の計上方法について，全般的な原則をみておこう。

　第1に，「居住性」に着目した計上である。国籍や法的身分とは関係なく，国内に住居をもつ自然人また主たる事務所をもつ法人が居住者，これに該当しない主体が非居住者となる。そして，統計作成国の居住者と非居住者との間で行なわれた取引が国際収支に計上される。居住性の判断基準について，1年としている場合が多いが，日本の場合，日本人は外国での滞在期間が2年以上で非居住者として，外国人は日本での滞在期間が6か月以上で居住者としてそれぞれ扱われる。なお，軍事基地，大使館や領事館のような公的機関は本国居住者，国連本部やIMF（国際通貨基金）のような国際機関は非居住者として常に扱われる。

　例を使って「居住性」に着目した計上をみておこう。まず，日本国籍を有しているが2年以上にわたりアメリカに滞在していて居所がある者Aは，日本の非居住者（アメリカ国籍をもっていなくてもアメリカの居住者）となる。Aが日本の家族（日本の居住者）Bに自分の財産の一部を送金すると，この送金は同じ日本国籍の者どうしの取引であっても日本の居住者と非居住者の間で行なわれた対外経済取引として国際収支に計上される。また，日本に本社をおく企業によってアメリカに設立された子会社はアメリカの居住者となる。在日本社と

在米子会社の間で資金送金や財の取引が行なわれると，その取引は同一企業内の取引であるが，日本の居住者と非居住者の取引として国際収支に計上される。

第2に，国際収支に計上される対外取引は，現実には様々な通貨（円，ドル，ユーロなど）で行なわれているが，国際収支に計上される際には1つの通貨に換算される。

第3に，計上対象になる「取引」の範囲には，経済的価値をもつ資産を取引する際に対価の受払が発生する「交換」に加えて，対価の受払が発生しない「移転」や，資産自体が移動しないままその所有者の居住性が変化する「移住」が含まれる。

第4に，国際収支に取引が計上されるタイミングは，対価の受払が完了した時点ではなく，取引が発生した時点，具体的には，財貨では所有権の移動が生じた時点，サービスではサービスの提供が生じた時点，金融取引では資産や負債が生じた時点であり，その時点の取引価格（市場価格）で計上される。

国際収支の構成

日本の国際収支を**表1-1**に示した。ここで，国際収支の構成について，2点を確認しておこう。

第1に，国際収支は，経常収支，資本移転等収支，金融収支，誤差脱漏の4つの主要項目で構成されている。少し細かくみると，経常収支は貿易・サービス収支（さらに貿易収支とサービス収支に分かれる），第一次所得収支，第二次所得収支から構成される。一方，金融収支は直接投資，証券投資，金融派生商品，その他投資，外貨準備から構成される。

第2に，国際収支の主要4項目には，経常収支＋資本移転等収支＋誤差脱漏＝金融収支という関係が常に成り立っている。補足すれば，「国際収支の黒字や赤字」という言葉をしばしば見かけるが，国際収支統計には「国際収支」という項目は存在しない。そのため，「国際収支全体で黒字や赤字がある」という言い方は不適切である。国際収支を分析する際に，こうした関係は重要な意味をもつので，第6節で詳しく説明しよう。

国際収支の発表形式

日本の国際収支の作成は，「外国為替及び外国貿易法」に基づいて財務大臣に義務付けられている。そして，同法によって委託を受けた日本銀行が国際収支の作成を行ない，国内発表形式

第 1 章 国際収支 **3**

表 1 - 1　日本の国際収支

(単位：億円)

	2014年	2015年	2016年	2017年	2018年
経常収支	39,215	165,194	213,910	226,067	192,222
貿易・サービス収支	− 134,988	− 28,169	43,888	42,206	3,919
貿易収支	− 104,653	− 8,862	55,176	49,113	11,981
サービス収支	− 30,335	− 19,307	− 11,288	− 6,907	− 8,062
第一次所得収支	194,148	213,032	191,478	205,131	208,533
第二次所得収支	− 19,945	− 19,669	− 21,456	− 21,271	− 20,231
資本移転等収支	− 2,089	− 2,714	− 7,433	− 2,800	− 2,125
金融収支	62,782	218,764	286,059	186,401	200,049
直接投資	125,877	161,319	148,587	172,406	147,198
証券投資	− 48,330	160,294	296,496	− 56,513	99,765
金融派生商品	37,644	21,439	− 16,582	34,523	1,178
その他投資	− 61,306	− 130,539	− 136,662	9,467	− 74,720
外貨準備	8,898	6,251	− 5,780	26,518	26,628
誤差脱漏	25,656	56,283	79,583	− 36,866	9,953

(注)　①小数点以下を四捨五入しているため，若干の誤差がある。②とくに断りのないかぎり，暦年ベース。③注①と注②は，本章における以下の図表でも同じ。
(出所)　日本財務省および日本銀行ウェブサイトより筆者作成。

の国際収支（**表 1 - 1**）として公表される。

　一方，IMF は，『国際収支マニュアル』をガイドラインとして作成し，加盟国に対してマニュアルに準拠した国際収支の報告を求めている。日本における現行の国内発表形式は，『国際収支マニュアル〔第 6 版〕』に準拠している。ただし，多くの国において，国内事情に応じた独自の国内発表形式が併存するので，比較の際には注意が必要である。

2　経常収支

貿 易 収 支 と
サ ー ビ ス 収 支

第 2 節から第 5 節では，国際収支の具体的な項目をみていく。

　基本的に，経常収支は金融取引以外の対外経済取引を計上する。経常収支では，資金の受取と支払に着目して計上され，受取と支払の差額が収支となる。

　最初に，貿易収支とサービス収支をみてみよう（**表 1 - 2**）。

　貿易収支は，財貨の輸出と輸入を計上する。具体的には，居住者が非居住者

表1-2　日本の貿易・サービス収支の内訳（2018年）

（単位：億円）

貿易収支	11,981
輸出	812,387
輸入	800,405
サービス収支	−8,062
輸送	−10,415
旅行	24,161
その他サービス	−21,808
委託加工サービス	−4,745
維持修理サービス	−4,968
建設	1,191
保険・年金サービス	−5,180
金融サービス	3,670
知的財産権等使用料	26,220
通信・コンピュータ・情報サービス	−12,380
その他業務サービス	−28,590
個人・文化・娯楽サービス	−33
公的サービス等	3,007

（出所）　日本財務省および日本銀行ウェブサイトより筆者作成。

に販売した財貨の金額を輸出に，居住者が非居住者から購入した財貨の金額を輸入に計上し，輸出と輸入の差額が貿易収支となる。

　サービス収支は，居住者と非居住者の間のサービス取引に伴う代金の受払を計上し，「輸送」，「旅行」，「その他サービス」に細分化される。輸送は，旅客や貨物の輸送またそれらの付随サービスの受払を，旅行は，短期滞在の旅行者が居住国以外の場所で取得した財貨およびサービスの受払を，そして，その他サービスは，上記に含まれないサービスの受払を，それぞれ計上する。その他サービスは，その名称に「その他」とついているが，経済のグローバル化が進展するなかで，「知的財産権等使用料」や「その他業務サービス」を中心に，取引額が大きくなっている。

第一次所得収支と第二次所得収支

　次に，第一次所得収支と第二次所得収支をみてみよう（表1-3）。第一次所得収支は，「雇用者報酬」，「投資収益」，「その他第一次所得」の３項目で構成されている。

　雇用者報酬は，居住者が非居住者から獲得した報酬を受取として，また，居住者が非居住者に対して支払った報酬を支払として計上する。具体的な計上対象は，国際機関等の現地職員や，短期滞在のため非居住者として扱われる外国人労働者に支払う賃金などである。

　投資収益は，第一次所得収支の中心になる項目であり，国際的な投資によって生じる資産や負債に関する収益の受払を計上する。投資収益の受取には，日本企業が在外子会社から受け取る配当金，日本の居住者が外国の銀行に預金し

て得られる利子収入などが計上され
る。逆に，投資収益の支払には，在日
外国企業による本国への配当金の送金
や，日本の居住者が外国から借入を行
なった際に支払う利子などが計上され
る。なお，投資による損益のなかで
も，対外資産や対外負債の価値変動に
伴って生じたキャピタルゲイン（ロス）
は，投資収益ではなく金融収支に計上
される。

その他第一次所得は，鉱業権の使用
料，天然資源の採掘に関わる課税や補
助金などを計上する。

第二次所得収支は，対価の受払を伴
わず無償で行なわれる実物資産または
金融資産の移動を計上する。例えば，

表1-3 日本の第一次所得収支および第二次所得収支の内訳（2018年）

（単位：億円）

第一次所得収支	208,533
雇用者報酬	−129
投資収益	209,455
直接投資収益	100,635
配当金・配分済支店収益	45,863
再投資収益	53,448
利子所得等	1,325
証券投資収益	98,506
配当金	8,391
債券利子	90,115
その他投資収益	10,314
その他第一次所得	−793
第二次所得収支	−20,231
一般政府	−3,260
一般政府以外	−16,971
個人間移転	−1,843

（出所）　日本財務省および日本銀行ウェブサイトより筆者作成。

東日本大震災の際に，日本政府が外国から義援金を受け取った場合では，義援
金の金額が第二次所得収支の受取として計上された。

第二次所得収支は，居住者の属する部門に応じて，「一般政府」と「一般政
府以外」に分けられる。「一般政府」には無償の援助や資金協力，国際機関分
担金，社会保険料や税金などの受払が計上される。また，「一般政府以外」に
は，居住者扱いの外国人労働者の本国送金，民間の科学・文化関連団体等に対
する定期的な支出などが計上される。

3　資本移転等収支

資本移転等収支は，「資本移転」と「非金融非生産資産の取得処分」の2つ
から構成される（**表1-4**）。

資本移転は，第二次所得収支に含まれない取引，例えば，被援助国のインフ
ラ形成のための無償資金協力，投資贈与，債務免除（債務不履行を債務免除とし

表1-4　日本の資本移転等収支の内訳

（2018年）	（単位：億円）
資本移転等収支	−2,125
資本移転	−2,266
一般政府	−1,846
一般政府以外	−419
非金融非生産資産の取得処分	140

（出所）　日本財務省および日本銀行ウェブサイト
より筆者作成。

てみなすケースもある）などを計上する。また，非金融非生産資産の取得処分は，鉱業権や土地，排出権，商標権などの権利そのものの取引や，移籍金を計上する。

　資本移転等収支は，経常収支と同じく，資金の流れに着目した計上方法になっており，プラスの符号は資金の流入，マイナスの符号は資金の流出を示す。例えば，表1-4の2018年における資本移転等収支は2125億円の資金流出となっている。

4　金融収支

金融収支の諸項目

金融収支（表1-5）は，対外的な金融資産や金融負債の増減を計上し，「直接投資」，「証券投資」，「金融派生商品」，「その他投資」，「外貨準備」の5項目から構成される。

　直接投資は，企業の経営支配に関する投資を計上する。具体的な計上対象は，①新規企業や子会社設立，または，M&A（合併買収）による経営支配権の獲得（議決権株式数ベースで10％以上の場合が該当する）を目的とする「株式資本」，②現地で生み出された収益を本国に戻さずにそのまま現地に再投資する「収益の再投資」，③同一企業内における資金貸借や債券取引である「負債性資本」の形成，の3つである。今日では，収益の再投資や負債性資本の規模が大きくなっており，株式資本の数字だけでは企業の国際展開を測定するのが難しくなっている点に注意が必要である。

　証券投資は，利子や配当，売買差益といった金融収益の獲得を目的とする株式や債券（社債や国債）の取引を計上する。

　金融派生商品は，金融技術とともに発展したデリバティブ取引の金額が計上される。

　その他投資は，直接投資，証券投資，金融派生商品，外貨準備に含まれないすべての国際金融取引を計上する。具体的には，現金や預金，貸付や借入，保

険や年金準備金，貿易信用や貿易前払，SDR（IMF の特別引出権）の負債などが計上対象になる。なお，その他投資の項目には，公的機関が行なう有償援助も含まれる。

| 外　貨　準　備 |

外貨準備は，国際決済のために直ちに使用可能であり，かつ，通貨当局（財務省や中央銀行）の管理下にある対外資産の増減を計上する。外貨準備の具体的な中身は，貨幣用金，SDR の資産，IMF リザーブポジション，外貨建の証券（米国債など）や預金（在米ドル預金など）であり，その中でも外貨建証券が大部分を占めている。

外貨準備は，為替介入や，証券や預金の運用損益の動向によって増減する。外貨準備を増減させる取引が，通常の金融取引と分けて計上されているのは，それが国家の財産であり，国民経済における重要性が大きいからである。

具体的には，為替介入は，一国の対外決済で生じた不均衡の最終的な調整という役割に関わる。個々の対外取引を集約して一国レベルで支払超過となり，大きな不均衡が生じたとしよう。その国の通貨は為替相場が下落するので，それを抑制するために通貨当局が自国通貨買い・外貨売りの為替介入を行ない，外貨準備は減少する。逆に，受取超過が続いて自国通貨の相場が上昇する時は，相場上昇を抑制するために自国通貨売り・外貨買い入が行なわれ，結果として外貨準備が増加する。

| 金融収支の計上方法 |

金融取引の特徴は，取引によって資産や負債が形成され，それらが一定期間後には回収されて消滅することにある。例えば，居住者が，非居住者から株式を購入（資産の形成）すれば一定期間後に株式を売却（資産の回収）するだろうし，非居住者から借入（負債の形成）を行なえば特定期日に返済（負債の回収）を行なうだろう。こうした特徴をもつ資産や負債の増減をいかに正確に計上するのかが，金融収支の計上方法を考えるポイントである。

表 1 - 5　日本の金融収支の内訳（2018年）

（単位：億円）

金融収支	200,049
直接投資	147,198
資産	175,788
負債	28,590
証券投資	99,765
資産	207,023
負債	107,258
金融派生商品	1,178
資産	−604,083
負債	−605,261
その他投資	−74,720
資産	159,942
負債	234,662
外貨準備	26,628

（出所）　日本財務省および日本銀行ウェブサイトより筆者作成。

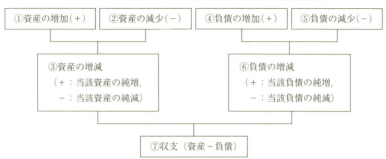

図1-1 国際収支における金融収支各項目の計上方法

(出所) 本文の記述を図式化して筆者作成。

　金融収支の計上方法を図1-1に即してみてみよう。金融収支は，経常収支とは異なり，「資金の受払の方向」ではなく，「資産や負債の増減」に着目して計上される点に注意を要する。
　まず，金融収支項目では，資産の増加と負債の増加はともにプラスの符号，資産の減少と負債の減少はともにマイナスの符号で示される。また，金融収支項目の場合，取引は資産の増加（①）と資産の減少（②），負債の増加（④）と負債の減少（⑤）に4分類され，当該資産の純増減（③＝①＋②）と当該負債の純増減（⑥＝④＋⑤）を出したうえで，その差額を当該項目の収支（⑦＝③－⑥）とする。したがって，収支の数字がプラスの場合は対外純資産増加，マイナスの場合は対外純資産減少を意味することになる。なお，外貨準備については，負債の項目が存在せず，資産の項目（上記の①から③）だけである。

5　誤差脱漏

　統計作成において，対象となるすべての取引を過不足なく計上するのが理想である。しかし，それは現実には困難であるため，誤差や漏れを調整する項目として「誤差脱漏」が設けられている。誤差脱漏は，資金の流れに着目した計上方法になっており，プラスの符号は資金の流入，マイナスの符号は資金の流出を示す。例えば，表1-1の2018年における誤差脱漏は，9953億円の資金流入となっている。

第１章　国際収支　9

⑥　国際収支の分析視点

　第１節の「国際収支の構成」でもみたように，国際収支には，経常収支＋資本移転等収支＋誤差脱漏＝金融収支という関係がある。さらに，国際収支を細かく分析する際には，国や地域別の動向，項目の位置づけ，項目どうしや他の統計との関係も重要になる。

　国際収支全体の関係式は，金額の小さい資本移転等収支と調整項目である誤差脱漏を無視すれば，経常収支＝金融収支となる。したがって，経常収支と金融収支について，経常収支黒字＝金融収支黒字，経常収支赤字＝金融収支赤字という関係が成立する。

　この関係は重要である。まず，経常収支に不均衡が生じた時には，そのファイナンス，具体的には，経常収支赤字の時は赤字支払のための「資金の調達」，経常収支黒字の時は黒字で獲得した「資金の運用」が問題になる。また，経常収支＝金融収支という関係は，事後的な恒等関係にすぎず，必ずしも「自動的」かつスムーズに成立するわけではない。そのため，経常収支不均衡のファイナンスの過程では，為替相場の大きな変動や，国際的な支払手段の不足，ひいては経済危機が生じることもある。

　次に，経常収支の動向は，一定期間の対外純資産の変動を規定する。経常収支＝金融収支という関係は，ストックとの関連では，経常収支黒字＝金融収支黒字＝対外純資産の増加，経常収支赤字＝金融収支赤字＝対外純資産の減少となる。なお，国際収支のように，一定期間の変化をあらわす統計のことをフロー統計という。これに対して，ある一時点の状態をあらわす統計のことをストック統計という。経常収支や金融収支はフローの値であるが，対外純資産はストックの値である。フローである経常収支（あるいは金融収支）が，ストックである対外純資産を変動させるのである。

　経常収支や金融収支だけでなく，対外純資産に着目することも，各国経済の発展段階や現状を把握するためには重要になる。例えば，発展途上国において，工業化の進展によって経常収支が黒字化しても，対外資産の蓄積が不十分であれば，外的ショックへの備えは物足りなくなる。また，先進国で産業の空

洞化が進行するなどの理由で，経常収支が赤字化した場合でも，これまで蓄積した対外資産を取り崩すことで赤字のファイナンスが可能になる。

7　主要国および地域の国際収支動向

全般的な動向　主要国および地域の経常収支（図1-2）を中心に，国際収支の動向を概略的にみてみよう。経常収支の黒字国と赤字国の不均衡である「グローバル・インバランス」は，2008年をピークとして，その後は縮小したが，一貫して存在している。とくに，日本の黒字は縮小を経験したのちに再拡大していること，アメリカは依然として巨大な赤字国であること，中国の黒字はやや縮小していること，ユーロ導入国ではドイツの黒字が大きいこと，中東および北アフリカといった産油国は資源価格に左右されていることが特徴である。

日本　図1-3で，日本の経常収支を確認しておこう（→第9章）。日本の経常収支の黒字は，世界有数の黒字国と

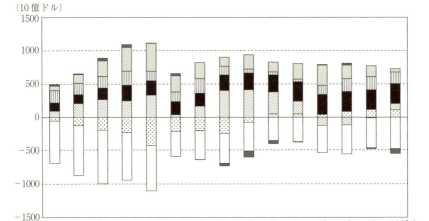

図1-2　主要国および地域の経常収支

（注）　アメリカの2017年以降の数字，それ以外の国の2018年の数字はそれぞれIMFの予測値。ユーロ導入国（ドイツを除く），中東および北アフリカ，その他アジアは原データに注記なし。
（出所）　IMF, *World Economic Outlook Database* より筆者作成。

第 Ⅰ 章 国際収支　11

図1-3　日本の経常収支の推移

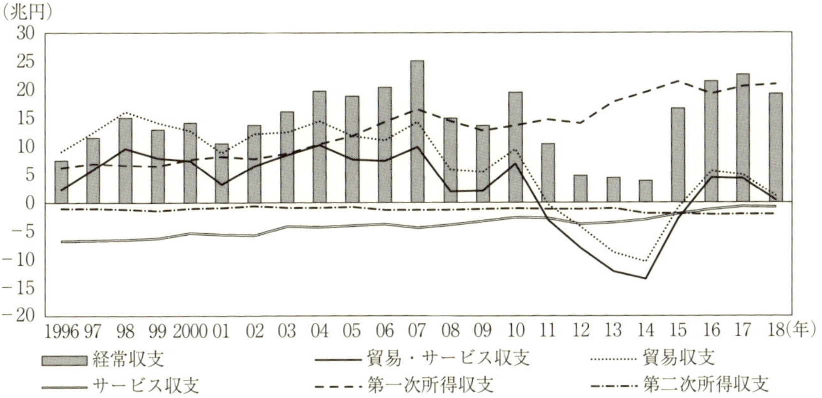

（兆円）

	経常収支		貿易・サービス収支		貿易収支
	サービス収支		第一次所得収支		第二次所得収支

（出所）　日本財務省および日本銀行ウェブサイトより筆者作成。

して2007年まで増加が続いていたが，08〜14年に縮小を経験し，15年以降に再拡大している。とくに，黒字の「主役」が貿易黒字から第一次所得収支の黒字へと変化していることが，特徴である。

　第一次所得収支の黒字は，日本の対外純資産が大きなプラスであり，多くの投資収益が流入していることを反映している。

　かつて多くの黒字を稼いでいた貿易収支は，最近ではときに赤字になることもあり，経常収支黒字を減少させる要因になっている。とくに，2011年から15年にかけては，製造業の在外生産の拡大，電気機器や電算機類などの輸入増大，東日本大震災後の資源輸入増加がみられた。さらに，13年以後は円安による原料品輸入価額の増加も重なり，貿易赤字が大きくなった。

　サービス収支は，長年続いていた赤字が縮小しつつある。その背景には，知的財産権等使用料の黒字が定着したことに加えて，旅行収支が2014年以降に訪日外国人観光客の増加によって赤字から黒字に転換したことがある。

　日本の対外純資産は世界最大であり，経常収支の黒字も大きくなっていることから，対外支払が直ちに困難になることはないと考えられる。しかし，将来的に経常黒字が縮小し，さらに赤字化するようなことがあれば，対外純資産を取り崩す必要性や，財政赤字とともに「双子の赤字」に陥り，経常収支赤字ファイナンスの困難さえ生じる可能性は存在する。

表1-6　アメリカの国際収支

（単位：億ドル）

	2008年	2009年	2010年	2011年	2012年	2013年	2014年	2015年	2016年	2017年	2018年
経常収支	−6,814	−3,725	−4,313	−4,457	−4,268	−3,488	−3,652	−4,078	−4,283	−4,396	−4,910
貿易収支	−8,325	−5,097	−6,487	−7,410	−7,411	−7,005	−7,499	−7,619	−7,498	−8,052	−8,873
輸出	13,088	10,703	12,903	14,989	15,626	15,937	16,356	15,114	14,574	15,536	16,743
輸入	−21,413	−15,800	−19,390	−22,399	−23,037	−22,942	−23,855	−22,732	−22,072	−23,588	−25,617
サービス収支	1,238	1,259	1,534	1,913	2,037	2,394	2,603	2,633	2,468	2,551	2,597
第一次所得収支	1,296	1,152	1,682	2,111	2,075	2,060	2,184	2,036	1,987	2,258	2,540
第二次所得収支	−1,023	−1,039	−1,043	−1,070	−969	−936	−940	−1,128	−1,240	−1,153	−1,173
資本移転等収支	60	−1	−2	−12	69	−4	0	0	−2	190	32
金融収支	−7,800	−1,946	−4,323	−4,910	−4,553	−4,025	−2,429	−2,989	−3,899	−3,816	−4,248
資産	−3,176	1,311	9,587	4,925	1,768	6,496	8,665	2,022	3,530	11,674	3,108
負債	4,624	3,256	13,910	9,835	6,320	10,521	11,094	5,011	7,429	15,490	7,356
対外国公的機関	5,546	4,802	3,972	2,437	3,964	3,032	1,089	−1,159	−2,490	1,814	234
その他	−922	−1,546	9,938	7,398	2,356	7,489	10,005	6,171	9,919	13,676	7,122
金融派生商品	329	−448	−141	−350	71	22	−543	−270	78	240	−207
誤差脱漏	−717	1,333	−150	−792	−283	−510	680	819	465	631	423

（出所）　U.S. Department of Commerce, Bureau of Economic Analysis ウェブサイトより筆者作成。

アメリカと中国

「グローバル・インバランス」の「主役」であるアメリカと中国をみてみよう。

　最初に，アメリカ（表1-6）の動向である（→第**4**章）。アメリカの経常収支赤字は，ピークを記録した2006年の8000億ドルよりも減少しているが，4000億ドル前後で推移し，一貫して巨大な規模である。そのため，経常収支赤字のファイナンスは，依然として重要な問題となる。経常収支の赤字は，国際収支の統計上では金融収支の赤字（外国からの資金流入）によってファイナンスされている。ファイナンスのあり方，具体的には，担い手となる国や地域，取引項目や通貨別の動向によって，アメリカへの影響が異なってくる。

　また，金融収支の資産と負債の両方における巨大な規模は，国際資本移動（国際的な投資）をめぐるアメリカの役割の大きさを示している。

　次に，中国の国際収支（表1-7）である（→第**8**章）。

　中国の国際収支構造は，従来では，経常収支黒字と直接投資流入，それらの資金流入を背景とする外貨準備増加が特徴的であった。しかし，最近では，変化がみられる。まず，「爆買い」を反映した旅行収支の赤字拡大によって，経

表1-7　中国の国際収支　　　　　　　　　　　　　　　　（単位：億ドル）

	2008年	2009年	2010年	2011年	2012年	2013年	2014年	2015年	2016年	2017年	2018年
経常収支	4,206	2,433	2,378	1,361	2,154	1,482	2,360	3,042	2,022	1,951	491
貿易収支	3,599	2,435	2,464	2,287	3,116	3,590	4,350	5,762	4,889	4,759	3,952
輸出	13,500	11,272	14,864	18,078	19,735	21,486	22,438	21,428	19,895	22,162	24,174
輸入	-9,901	-8,836	-12,400	-15,791	-16,619	-17,896	-18,087	-15,666	-15,006	-17,403	-20,223
サービス収支	-111	-234	-234	-468	-797	-1,236	-2,137	-2,183	-2,331	-2,589	-2,922
第一次所得収支	286	-85	-259	-703	-199	-784	133	-411	-440	-100	-514
第二次所得収支	432	317	407	245	34	-87	14	-126	-95	-119	-24
資本移転等収支	31	39	46	54	43	31	0	3	-3	-1	-6
金融収支	4,425	2,060	1,894	1,278	1,326	883	1,691	915	-276	-180	-1,117
直接投資	-1,148	-872	-1,857	-2,317	-1,763	-2,180	-1,450	-681	417	-278	-1,070
資産	567	439	580	484	650	730	1,231	1,744	2,164	1,383	965
負債	1,715	1,311	2,437	2,801	2,412	2,909	2,681	2,425	1,747	1,661	2,035
証券投資	-349	-271	-240	-196	-478	-529	-824	665	523	-295	-1,067
資産	-252	25	76	-62	64	54	108	732	1,028	948	535
負債	97	296	317	134	542	582	932	67	505	1,243	1,602
その他投資	1,126	-802	-724	-87	2,601	-722	2,788	4,340	3,167	-519	770
資産	976	-184	1,163	1,836	2,317	1,420	3,289	825	3,499	1,008	1,984
負債	-150	618	1,887	1,923	-284	2,142	502	-3,515	332	1,527	1,214
金融派生商品	n.a.	n.a.	n.a.	n.a.	n.a.	n.a.	n.a.	21	54	-4	62
外貨準備	4,796	4,005	4,717	3,878	966	4,314	1,178	-3,429	-4,436	915	189
誤差脱漏	189	-412	-530	-138	-871	-629	-669	-2,130	-2,294	-2,130	-1,602
(参考)外貨準備残高	19,662	24,532	29,142	32,558	33,879	38,804	38,993	34,061	30,978	32,359	31,680

（出所）　IMF, *Balance of Payments and International Investment Position Statistics* より筆者作成。

常収支黒字は，その幅が変動しつつ，縮小傾向にある。また，中国は，直接投資やその他投資では，資本の受入国のみならず送出国としても台頭している。国際収支統計からは，こうした経常収支と金融収支の動向を反映して，外貨準備が増加しにくい局面を読み取れる。その一方で，誤差脱漏は，金額が大きくなっており，統計作成上の調整にとどまらず，投機マネーや対外援助，外貨準備関連の取引を混在させている可能性がある。

ユーロ導入国　図1-4で，ヨーロッパ共通通貨ユーロ導入国の経常収支をみると，赤字国がピークよりも赤字減少あるいは黒字化を経験しているのに対して，ドイツは一貫して巨大な黒字国となっている。ユーロ導入国のなかでの経常収支不均衡は，競争力や財政など，各国の

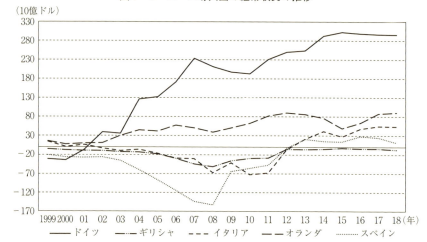

図1-4 ユーロ導入国の経常収支の推移

（注）主要な国を掲載。ドイツの2018年の数字、それ以外の国の2017年以降の数字はIMFの予測値。
（出所）IMF, *World Economic Outlook Database* より筆者作成。

実体経済における格差に加えて，EMU（経済通貨同盟）における国際収支の調整やファイナンスのあり方を背景に生じている（→第❻章）。

【参考文献】
①奥田宏司（2012）『現代国際通貨体制』日本経済評論社．
②奥田宏司（2017）『国際通貨体制の動向』日本経済評論社：①，②はドル体制，ユーロ体制，東アジアの通貨制度の分析を通じて現代の国際通貨制度を検討した文献。各国・地域の国際収支動向とその分析視点について詳細に解説されている。
③日本銀行国際局「『国際収支統計（IMF国際収支マニュアル第6版ベース）』の解説」日本銀行ホームページ内（URL：http://www.boj.or.jp/statistics/outline/exp/exbpsm6.htm/）：現行の日本の国際収支についての統計作成当局による解説。本章での説明は③の資料に準拠している。
④日本銀行・国際収支統計研究会（2000）『入門国際収支──統計の見方・使い方と実践的活用法』東洋経済新報社：古いバージョンの国際収支マニュアルに準拠しているが，国際収支の概念や作成方法，理論，具体的な分析事例，関連統計について詳述されている有益な文献。

[星野　智樹]

※本章は，筆者の個人的な立場で作成されており，その内容と責任はすべて筆者個人に属している。

第2章 外国為替と国際通貨体制

　世界で動いているマネー（国際通貨と呼ばれる）というのは，紙幣や硬貨といった現金のことではない。貿易も対外投資も，外国為替という仕組みを用いて，現金を動かすことなく行なわれているのである。

　本章では，外国為替市場や為替相場の見方について詳しく説明した上で，為替媒介通貨や基軸通貨という，世界経済の中で重要な役割を果たす通貨が生まれるメカニズムを解説しよう。

1　外国為替の基本

為　替　と　は

　コンビニでは，品物を持ってレジに行き，店員に現金を支払うことで品物が手に入る。このように，代金の受け渡しによって取引を終了させることを決済という。コンビニの店頭では現金が決済手段として機能したことになる。

　コンビニのように，売り手と買い手が対面していれば現金決済であってもさほど不便は感じないが，遠隔地であれば現金決済のリスクは飛躍的に増大する。例えば，現金自体を安全に運ぶリスクや，代金を支払ったが品物が届かないリスクなどである。遠隔地間の交易は古くから行なわれているが，現金決済のリスクも交易発生の当初から意識されており，取引参加者たちは，現金を移動させないで決済を完了させる方法を模索することとなった。

　そうして生まれたのが為替である。為替とは，現金を移動させないで遠隔地間の決済を行う方法のことである。為替の本質は，支払の指示と，実際に資金移動を行う組織の存在にある。かつての為替は紙や郵便を使って支払を指示していたが，次第に電気的通信手段が用いられるようになり，今ではコンピュータの通信ネットワークに取って代わられている。資金を移動させる組織も，かつては主に両替業者であったが，次第に近代的な銀行へと発達したのである。

　ところで，コンビニで品物を買う場合に，現金ではなくて，電子マネーで決

済することも多いだろう。この電子マネーも，売り手と買い手の間で現金のやりとりをなくすことができるという意味で，現代的に発達した為替ということができる。為替は，企業や銀行だけでなく，個人の生活にも欠かせないものとなっているのである。

外国為替相場と円高・円安

遠隔地，とりわけ外国と取引を行なう場合には，国内取引にはなかった問題が生じる。それは，2つの国で使われている通貨が違うということである。国をまたぐ取引に為替を使うと，異なる通貨を取引のどこかで交換しなければならなくなる。

異なる国との間で行なわれる為替のことを外国為替といい，異なる通貨の交換比率のことを外国為替相場という。為替相場は通常，1ドル＝100円というような形であらわされる。為替相場は日々の変動のみが関心の的となることが多いが，本来は，外国為替という大きな仕組みの一要素であるということを確認しておこう。

さて，1ドル＝100円であった為替相場が，例えば，1ドル＝50円の方向に変化することを「円高・ドル安」と表現する。逆に，1ドル＝200円の方向に変化することを「円安・ドル高」と表現する。1ドル＝100円というのは，ドル1単位の価値と円100単位の価値が等しいということを意味している。これが1ドル＝50円になれば，ドル1単位の価値が円50単位，つまり半分に下がったということになり，逆に，円のドルに対する価値は2倍に上がったことになる。

このように，為替相場の変動の方向を表現する際には，自国通貨の価値がどう変わったかに着目する。すなわち，1ドル＝100円から50円というように数値が小さくなった場合は，円の価値が上がったわけであるから「円高・ドル安」と表現する。逆に，1ドル＝100円から200円というように，数値が大きくなった場合は，円の価値が下がったわけであるから「円安・ドル高」と表現するのである。

なお，外国為替に記載されている通貨のことを建値通貨といい，「ドル建の外国為替」といった形で表現されることも覚えておこう。ドルを売買するというのは，正しくいえば，ドル建の外国為替を売買しているということになる。

2 外国為替市場の構造と外国為替相場の見方

銀行間市場と対顧客市場　外国為替が売買されている場を外国為替市場という。外国為替は，銀行と企業や個人などの間で売買されるだけでなく，銀行どうしでも売買される。前者と後者では，取引の規模や形態が異なるので，外国為替市場も2つに分けて把握する方が適切である。

図2-1は，外国為替市場の構造を模式的に描いたものである。銀行どうしの為替取引を行なう市場を銀行間外国為替市場といい，一般企業や機関投資家，個人と銀行が為替取引を行なう市場を対顧客外国為替市場という。

規模が大きく，為替取引の中核となっているのは銀行間市場である。通常，単に外国為替市場というときは，銀行間市場のことを指す。銀行間市場には，銀行だけでなく，取引を媒介するブローカーや，中央銀行などの通貨当局も参

図2-1　外国為替市場の構造

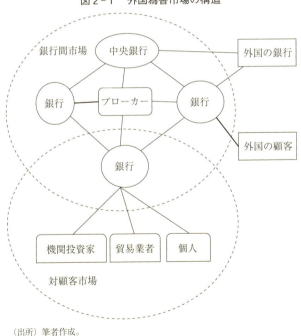

(出所）筆者作成。

加している。また，外国の銀行も取引に参加しており，その銀行を通じて各国の銀行間市場が互いにつながっている。

　ところで，銀行間「市場」といっても，どこかに特定の場所があるわけではなく，取引は売買当事者の間で直接行なわれる。かつては電話などで取引していたが，現在では，世界全体の取引の6割程度がコンピュータによる電子取引で行なわれている。対顧客「市場」も，実際に為替が売買されているのは，個々の銀行の窓口やインターネットバンキングの画面上などであり，それらの取引を総称したものを「市場」として捉えている。

　　銀行間為替相場　　為替取引の際に適用される為替相場も，銀行間市場と対顧客市場で異なっている。それぞれの市場に適用される相場について説明しよう。

　表2-1は外国為替相場の例であり，①が銀行間為替相場に相当する。銀行間相場は，為替相場体系の中核をなし，各種報道で「円相場」として最も関心が向けられる為替相場である。

　銀行間相場は「108.19-108.20」と表記されている。これは，有力な銀行が，他の銀行からドルを買う相場として108.19円（108円19銭）を出しており，他の銀行に対してドルを売る相場として108.20円を出している，という意味である。したがって，実際には108.19円，あるいは108.20円で銀行間の為替取引が行なわれている。

　なお，ヨーロッパの19か国の共通通貨であるユーロ（→第**6**章）も，ドルほどではないが銀行間で多く取引されているので，ユーロの銀行間相場も同じような形式で報道されることがある。銀行間相場があるのはドルとユーロだけである。なぜそうなるかについては，後の第6節で説明しよう。

　銀行間相場は，取引ごとに当事者の間で個別に決定される。仮に，銀行間市場においてドルが不足すれば，ドルの売り手は少しでもドルを高く売ろうとし，ドルの買い手は少々ドルが高くなってもドルを買わざるを得なくなるだろう。そうすると，銀行間相場は，108.19-108.20円から108.20-108.21円のように円安・ドル高方向に変化していく。逆に，市場にドルが過剰になれば，108.20-108.21円から108.19-108.20円のように円高・ドル安方向に変化していくことになる。銀行間相場はこのように，市場におけるドルと円の需給状況を

表2-1　外国為替相場の例（2019年9月18日）

①円相場（対ドル直物，円）		108.19－108.20	
②対顧客電信売相場（円）	米ドル	109.21	
	ユーロ	121.26	
	カナダドル	83.26	
	英ポンド	139.13	
	中国人民元	15.59	
	韓国ウォン（100ウォンあたり）	9.31	
③対顧客米ドル先物相場（円）		売相場	買相場
	9月渡	109.21	107.10
	10月渡	109.11	106.84
	11月渡	108.88	106.63

（出所）　日本経済新聞，2019年9月19日朝刊の値を用いて筆者が作成。

反映して時々刻々と変化するのである。

> **対顧客為替相場**

表2-1の②が対顧客為替相場に相当する。報道などで取り上げられることはほとんどないが，銀行以外の企業や個人に適用される身近な為替相場である。

　銀行間相場が時々刻々と変化するのに対し，対顧客相場は，当日10時頃の有力な銀行が行なった銀行間取引の相場を基準として決定され，原則として，営業時間中は同じ相場が適用される。

　また，対顧客相場には売相場と買相場の区別がある。ここでいう売相場とは，銀行が顧客に外貨を売る時の相場であり，買相場とは，銀行が顧客から外貨を買う時の相場である。売相場と買相場は，基準としている為替相場に銀行の手数料等を勘案して決められる。仮に，基準となる相場が1ドル＝100円で，手数料等が1円とすると，対顧客売相場は1ドル＝101円，対顧客買相場は1ドル＝99円となる。②の相場は「売相場」と記載されているから，銀行が外貨を売る相場，すなわち，顧客からみれば，円を外貨に換える時に適用される相場ということになる。

　さらに，②には「電信」という語が含まれているが，これは電気的な通信手段（電話やネットワーク）を用いた為替取引である，電信為替の相場であることを意味している。これに対し，手形や小切手といった「紙」を用いて，郵便でやり取りする為替取引のことを普通為替という。銀行間取引や個人送金の多く

は電信為替であるが，一部の海外送金や貿易取引には普通為替も用いられる。紙をやり取りする方が手間と時間がかかるので，普通為替の方が電信為替よりも手数料等は高めに設定されている（→本章第4節）。

　もう一点，銀行間相場との重要な違いとして，対顧客相場は多くの通貨に対して設定されていることが挙げられる。表2-1には代表的な通貨のみを挙げているが，これ以外にも銀行の窓口では多くの通貨の売買が可能である。対顧客取引では，様々な国との貿易や送金，海外旅行等のために，ドル以外の多くの通貨との交換が必要になるからである。

| 様々な通貨 |
| の為替相場 |

日本からインドに旅行する際には，円をインド・ルピーに交換することが必要になるだろう。しかし，銀行間市場ではドルと他通貨の売買がほとんどであり，円とインド・ルピーが直接に銀行間で売買されることはほとんどない。したがって，円とドルのように銀行間相場をもとにして対顧客相場を決めることはできない。

　このような通貨の場合，円の対ドル相場と，交換したい通貨の対ドル相場から計算した相場を参考にして，円とその通貨の対顧客相場を決めている。仮に，1ドル＝108円，1ドル＝71ルピーとすると，1円＝71÷108＝0.7ルピーであるから，これに手数料等を加えて実際の為替相場が決められる。

　このように，日本における円の対ドル相場は，為替相場全体の基準となるので基準為替相場と呼ばれる。日本以外の多くの国でも，対ドル相場を基準相場としているが，ヨーロッパにおいては対ユーロ相場を基準相場としている国が多い。そして，円の対インド・ルピー相場のように，基準相場をもとに算出した，ドル以外の他通貨との為替相場を裁定為替相場という。

　基準相場は，銀行の為替相場の基準となるだけでなく，各国の行政運営や為替相場制度にとっても重要である。様々な通貨で行なわれる国際取引を国内通貨に換算して把握するためには，基準となる為替相場を定める必要がある。また，固定相場制をとる国では，基準相場の水準そのものが操作対象になる（→本章第6節）。

　日本においても，法令により，基準相場と裁定相場が毎月1回定められ，公示されている。国際収支などの統計は，この基準に基づき，計上対象のすべての国際取引を円に換算した値で公表されている（→第1章）。

第 **2** 章　外国為替と国際通貨体制　21

| 先 物 為 替 と |
| 先 物 為 替 相 場 |

最後に，③「対顧客米ドル先物相場」について説明しよう。これも対顧客相場の一種であるが，顧客と銀行が先物為替を売買する際に適用される為替相場である。先物為替とは，為替取引の契約から一定期間後に通貨の受け渡しが行なわれる為替取引のことをいう。

これに対し，契約後直ちに通貨の受け渡しが行なわれる為替取引のことを直物為替という。①，②の相場はどちらも直物為替の相場である。

先物為替が必要になるのは，直物為替相場の変動による為替リスクを回避するためである。貿易取引においては，貿易の契約から決済が終わるまで数か月を要する。その間に為替相場が変動すれば，輸出業者や輸入業者には利益や損失が発生する。これが為替リスクである。

例えば，ドル建の貿易なら，日本の輸出業者は決済時に円高・ドル安になれば損失が発生し，円安・ドル高になれば利益が得られる。逆に，日本の輸入業者は円安・ドル高になれば損失となり，円高・ドル安になれば利益となる。もし，ドルを円と交換する時の為替相場を事前に決めておくことができれば，円建の最終的な損益をその時点で確定させることができるのである。

③では「〜月渡」という表記がされているが，これは，その月中であればいつでも通貨の受け渡しを実行できる形式の先物為替のことをいう。例えば，10月に輸出代金がドル建で入金される予定の輸出業者が，9月18日に，③の「10月渡」の相場で，1万ドルを銀行に売る契約を結んでおくと，10月中であればいつでも1万ドルを売って106万8400円（＝買相場106.84円×1万ドル）を入手することができる。

仮に，ドルを売った日の直物相場が106円と円高・ドル安になっていれば，先物でドルを売っていたおかげで輸出業者は8400円分（＝106万8400円－106万円）の為替差損を免れたことになる。ただし，直物相場が107円と円安・ドル高になっていれば，逆に1600円分（＝107万円－106万8400円）の為替差益を失うことになるのも理解できよう。

表2-1には記されていないが，先物相場にも銀行間相場がある。銀行間の為替取引では，先物単独の売買よりも，直物為替と先物為替を組み合わせる（例えば，直物でドルを買い，先物でドルを売る）「為替スワップ」と呼ばれる取引が中心になるため，これまでの説明とは異なる方法で為替相場が表示される。こ

れについては，為替スワップ取引の説明とあわせて第 5 節で詳しく説明する。

3　外国為替取引の現状

取引者・為替種類別
にみた取引額

本節では，BIS（国際決済銀行）が 3 年に一度公表している，外国為替市場に関する統計を用いて，世界の外国為替取引の状況をみておこう。

　表 2-2 は，世界の為替取引額の推移を取引者・為替種類別に示したものである。外国為替取引全体の規模は，前回調査で少し減少したが，2019年調査では再び増加し，1 日あたりの取引額は 6 兆5900億ドル（約700兆円）に達している。ちなみに，2016年の世界の商品輸出額の合計は 1 年間で15兆2840億ドル（約1700兆円）であり，サービス輸出の合計額は同じく 1 年間で 4 兆7510億ドル（約530兆円）に過ぎない。まさに桁が違うことが理解できよう。

　「報告金融機関」とは，主に，多額の為替取引を行なう大手の銀行である。「その他金融機関」は，報告金融機関に該当しない銀行（非報告銀行）が半分近くを占め，その他には証券会社や機関投資家，投資信託，ヘッジファンドなどが含まれる。報告金融機関（38.3%）と非報告銀行（取引者全体の24.5%）を合わせた取引シェアは全体の62.8%を占め，外国為替取引のかなりの部分が銀行間取引であることが分かるが，銀行以外の金融機関も徐々に取引額を増やしている。逆に，金融機関以外の顧客との取引は全体の7.2%に過ぎず，外国為替取引が貿易や直接投資などの実需からますますかけ離れていることも分かる。

　為替種類別にみると，為替スワップ取引が全体の約半分を占め，直物取引がそれに次ぐ。とくに，銀行間取引においては為替スワップの割合が高く，先物単独の取引は少ない。その理由については，第 5 節で詳しく説明する。

通貨別にみた取引額

表 2-3 は，通貨別にみた外国為替の取引額である。ここでは，それぞれの通貨が一方になる取引額が示されている（例えば，ドル売り・ユーロ買いの取引は，ドルとユーロの両方に計上される）。

　世界の外国為替市場において最も取引されている通貨はドルであり，2019年においては全体の88.3%がドルの売りもしくは買いとなる取引である。なお，

第**2**章　外国為替と国際通貨体制　　23

表2-2　取引者・為替種類別にみた外国為替取引額

（各年4月の1日平均，単位：10億ドル）

	2013	2016	2019
直物為替取引	2,046 （38.2%)	1,652 （32.6%)	1,987 （30.2%)
報告金融機関 （%)	33.0	36.6	29.8
その他金融機関 （%)	57.8	56.3	62.2
非金融機関顧客 （%)	9.2	7.1	8.0
先物為替取引	680 （12.7%)	700 （13.8%)	999 （15.2%)
報告金融機関 （%)	26.7	27.1	26.8
その他金融機関 （%)	59.1	61.5	61.6
非金融機関顧客 （%)	14.2	11.4	11.6
為替スワップ取引	2,228 （41.7%)	2,378 （46.9%)	3,202 （48.6%)
報告金融機関 （%)	48.7	50.7	46.8
その他金融機関 （%)	44.9	43.1	48.0
非金融機関顧客 （%)	6.4	6.2	5.2
その他	391 （7.3%)	350 （6.9%)	439 （6.7%)
合計	5,345 （100%)	5,067 （100%)	6,590 （100%)
報告金融機関 （%)	38.7	41.9	38.3
その他金融機関 （%)	52.6	50.6	54.5
非金融機関顧客 （%)	8.7	7.5	7.2

（注）　報告金融機関間の国内および海外取引の両方で二重計算を調整済みの数値（ネットーネットベース）。2007年は53か国市場，2013年は52か国市場の合計。「その他」は通貨スワップとFXオプションの合計。

（出所）　BIS, *Triennial Central Bank Survey of foreign exchange and derivatives market activity*, 各号より筆者作成。

表には示していないが，為替種類別にみると，ドルの比率は直物では84.9%とやや低下し，先物では88.4%であるが，スワップ取引では90.7%に達する。ドルの地位は圧倒的であるが，とりわけスワップ取引において顕著である。

ドルに次ぐのはユーロである。2013年，2016年と連続して低下していた取引シェアが，2019年に上昇に転じた。2010年以降のヨーロッパ金融危機や政治危機が落ち着きを見せたことの反映であろう。なお，欧州におけるユーロの地位の高さは，この表では現われていないことに注意が必要である。これは第**6**章で詳しく説明しよう。

ユーロに次ぐのは円，ポンド，オーストラリア・ドルである。上位5通貨の順位には変化がなく，これらの通貨の取引で全体の約4分の3を占める。外国為替市場ではこれら以外にも様々な通貨が売買されているが，取引のほとんど

表2-3 通貨別にみた外国為替取引額

(各年4月の1日平均, 単位：10億ドル)

2019年の順位	2013		2016		2019	
	取引額	比率(%)	取引額	比率(%)	取引額	比率(%)
1　ドル	4,662	87.0	4,438	87.6	5,819	88.3
2　ユーロ	1,790	33.4	1,591	31.4	2,129	32.3
3　円	1,235	23.0	1,096	21.6	1,108	16.8
4　ポンド	633	11.8	649	12.8	844	12.8
5　オーストラリア・ドル	463	8.6	348	6.9	445	6.8
6　カナダ・ドル	244	4.6	260	5.1	332	5.0
7　スイス・フラン	276	5.2	243	4.8	327	5.0
8　人民元	120	2.2	202	4.0	284	4.3
9　香港ドル	77	1.4	88	1.7	233	3.5
10　ニュージーランド・ドル	105	2.0	104	2.1	136	2.1

(注)　1つの取引には2つの通貨が含まれるため, 比率の合計は200%となる（ネット－ネットベース）。
(出所)　BIS, *Triennial Central Bank Survey, Global foreign exchange market turnover in 2016*, Table 25 より筆者作成。

は特定の通貨に集中していることが理解できよう。

　通貨別の取引額で目立つのは人民元の台頭である。近年では調査ごとに取引比率をほぼ倍増させており, 2019年はやや伸び率が鈍ったが, シェアは4.3%に拡大し, カナダ・ドルやスイス・フランと並ぶ水準に至っている。

| 国別にみた取引額 |

表2-4は, 国別にみた外国為替の取引額である。世界最大の外国為替市場はイギリスであり, 2019年の取引シェアは43.1%である。それに次ぐのがアメリカであり, イギリスとアメリカの2国で全体の約6割の外国為替が取引されている。

　英米に次ぐのは, シンガポール, 香港, 日本の東アジア地域であり, さらにスイスやフランスなどのヨーロッパ地域が続く。通貨別のところでみたように, ここでも中国のシェアが拡大しており, 2019年には10大市場へのランキング入りを果たした。

　通貨別・国別の外国為替取引額において重要なことは, 多く取引されている通貨の発行国と, 外国為替が多く取引されている場所となっている国は一致しないということである。世界で最も取引されている通貨はアメリカのドルであり, それに次ぐのがユーロである。しかし, 最も大きな外国為替市場は, ポン

第 **2** 章　外国為替と国際通貨体制　25

表 2 - 4　国別にみた外国為替取引額

(各年 4 月の 1 日平均，単位：10億ドル)

2019年の順位	2013		2016		2019	
	取引額	比率(%)	取引額	比率(%)	取引額	比率(%)
1　イギリス	2,726	40.8	2,406	36.9	3,576	43.1
2　アメリカ	1,263	18.9	1,272	19.5	1,370	16.5
3　シンガポール	383	5.7	517	7.9	633	7.6
4　香港	275	4.1	437	6.7	632	7.6
5　日本	374	5.6	399	6.1	375	4.5
6　スイス	216	3.2	156	2.4	276	3.3
7　フランス	190	2.8	181	2.8	167	2.0
8　中国	44	0.7	73	1.1	136	1.6
9　ドイツ	111	1.7	116	1.8	124	1.5
10　オーストラリア	182	2.7	121	1.9	119	1.4

(注)　ネット－グロスベースの値。
(出所)　BIS, *Triennial Central Bank Survey, Global foreign exchange market turmover in 2016*, Table 19 より筆者作成。

ドを国民通貨としているイギリスであり，アメリカでの取引額はそれよりもずっと少ない。ユーロについても，導入国で最も大きな外国為替市場を持つのはフランスであるが，その取引規模は世界 7 位に過ぎず，イギリスには遠く及ばない。

　外国為替取引は「規模の経済」が働くので，大きな市場に取引が集中する傾向がある。イギリスは，ドルが世界的な基軸通貨となった1960年代から，ユーロダラー市場（→第 **3** 章。この「ユーロ」はヨーロッパの共通通貨のことではない点に注意）と呼ばれる，発達した国際金融市場を擁してドル取引の中心地となった。ヨーロッパの共通通貨であるユーロの取引も，ユーロ導入国の銀行が銀行間取引をイギリス市場につなぐことによって，イギリスにおけるユーロ取引の規模が大きくなっているのである。

　ところで，日本は2010年には世界第 3 位の地位にあったが，2013年にシンガポール，2016年には香港に抜かれ 5 位となっている。2019年はさらに取引シェアを落とした。シンガポールや香港の台頭は，人民元の「国際化」が進み，人民元とドルの取引や，それに付随するドルと他通貨の取引が拡大したことなどが背景にある。

なお，人民元については，本節に挙げた数値だけで国際的な地位を評価するのは十分ではない。詳しくは第**8**章で説明しよう。

4 国際決済の仕組みと国際通貨

並 為 替

本節では，外国為替による国際取引と国際決済の流れを具体的に説明する。そして，世界を駆けめぐっている国際通貨の実体を明らかにしよう。

外国為替を使って国際決済を行なうには，並為替と逆為替という2つの方法がある。並為替による国際決済の流れは図2-2のようになる。ここでは，東京在住のAが，ニューヨーク在住のBに対してドル資金を送ろうとしていると想定しよう。

まず，Aは東京にある銀行Xに，送金相当額の円を支払い，銀行Xからニューヨークの銀行Yを支払人とするドル建の送金小切手を受け取る（ドル建というのは，小切手の金額がドルで記載されているという意味である）。例えば，この日の対顧客為替相場が1ドル＝100円であって，Aの送金額が1000ドルだとすれば，Aは10万円をXに支払い，額面に1000ドルと記された送金小切手を受け取る。この例では，この小切手が外国為替の手段となる。次にAは，送金小切手を郵送などの方法でBに送り，小切手を受け取ったBはそれを銀行Yに呈示する。呈示とは，銀行に小切手を示して支払いを求めることをいう。Yは1000ドルをBに支払い，AとBとの間の取引は完了する。

最後に，XとYとの間の資金移動（国際決済）が残っている。Xは，立替払いの形になっている1000ドルをYに支払わねばならない。この支払いは，XがYに開設しているドル建の預金口座を用いて行なわれる。YがXの口座から1000ドルを引き落としたところでこの為替取引は完了する。

並為替はこのように，為替の手段を送る方向と資金を送る方向が同じ（③と⑥，どちらも東京→ニューヨーク）となる。「並」の名称はこれに由来しており，資金を送るために利用されるものであるから送金為替とも呼ばれる。また，取引を通じて，AとB，XとYの間のどちらにおいても現金は移動していないことが理解できよう。

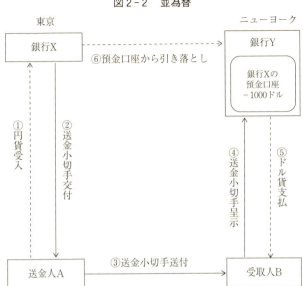

図2-2 並為替

（注）実線は為替手段の流れ，点線は資金の流れを示す。
（出所）筆者作成。

並為替は，国際送金だけでなく，サービス貿易や金融取引の決済にも利用されている。並為替によって顧客には安全確実な決済手段が提供されるが，取引を担う銀行には様々なコストが発生する。小切手の発行コストや銀行間の通信コストのほか，顧客に立替払いした資金が相手銀行から振り込まれるまでの資金運用・調達コストなどである。これらのコストは通常，手数料として対顧客為替相場に転嫁される。

逆 為 替　逆為替による国際決済の流れを示したのが図2-3である。逆為替は，代金の取立のために用いられる。取立というのは，受け取る側が支払う側から代金を回収する行為のことをいう。図2-3では，東京の輸出業者Aがニューヨークの輸入業者Bから輸出代金1000ドルを取り立てようとしていると想定しよう。ここでも為替相場は1ドル＝100円とする。
　まず，Aは輸出する貨物の船積を完了すると，船積書類を添えて，ニューヨークの輸入業者Bが1000ドルを支払う旨が記載された外国為替手形を，銀

図2-3 逆為替

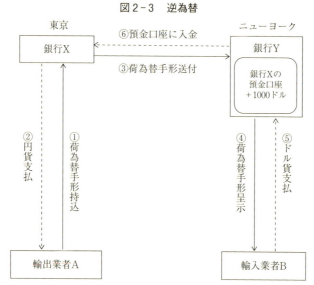

（注）実線は為替手段の流れ，点線は資金の流れを示す。
（出所）筆者作成。

行Xに持ち込む。Aが持ち込んだ，船積書類の付属した手形を荷為替手形という。ここでは，この荷為替手形が外国為替の手段である。また，船積書類とは，貨物を船や飛行機，自動車等に積んだことの証明書や，貨物の中味を示す送り状などからなる書類のことであり，輸入地における貨物の受取に必要な書類になる。

さて，手形を持ち込まれた銀行Xは，貿易契約書，船積書類等を検査したのち，手形と引き換えに，貨物の代金1000ドルを為替相場で換算した円相当額10万円をAに支払う。次にXは，荷為替手形を銀行Yに送付し，Yは手形をBに呈示し代金1000ドルを取り立てる。Bが代金を支払うと船積書類を入手できるので，それを運送会社に示して輸入された貨物を受け取る。これでAとBの間の取引は終わる。最後に残っているのはXとYの間の資金移動（国際決済）であり，XがYに開設している口座に，YがBから取り立てた1000ドルを入金したところで為替取引が完了する。

逆為替では，為替の手段の流れる方向（③，東京→ニューヨーク）と資金の流

れる方向（⑥．ニューヨーク→東京）が反対になる。「逆」の名称はこれに由来
しており，取立のために用いられるから取立為替とも呼ばれる。やはり，取引
を通じて，AとB，XとYの間のどちらにおいても現金は移動していないこ
とが理解できよう。

逆為替は主に，商品貿易の決済手段として用いられてきた。荷為替手形を用
いると，代金を支払わなければ輸入業者は船積書類，すなわち，商品を受け取
る権利が得られないため（④と⑤），商品を送ったが代金が支払われないという
輸出業者のリスクが軽減される。また，取引を仲介する銀行が輸入業者の信用
力を補完する制度（代表的なものを「信用状」という）や，貨物の引渡し時に輸
入業者の支払いを猶予する制度もあるため，商品貿易の決済手段として普及し
たのである。

ただし，逆為替は，輸入業者からの取立などにかかるコストの分，並為替よ
りも費用がかかる。したがって，相手の信用に問題がない企業内貿易などの場
合は，並為替を用いた国際送金で貿易代金を支払うこともある。また，個人輸
入をクレジットカードで決済したような場合も，並為替を用いた国際送金の一
種とみなすことができる。

| 国 際 通 貨 と は |

上記の2つの例においては，為替取引はドル建で行な
われている。ドル建の取引の結果，日本の銀行Xが
アメリカの銀行Yに開設しているドル建預金口座の残高が増減した。つま
り，日本とアメリカの間の国際決済の受払は，最終的には，このドル建預金口
座の残高の増減に反映される。この預金口座は，いつでも出し入れ可能なもの
（一覧払という）でなければならない。国際通貨とは，このような，外国の銀行
におかれた外貨建一覧払預金口座の残高のことをいう。

したがって，外国為替取引を行なうためには，あらかじめXとYの間に口
座の開設や為替手段のやり取りなどを定めた契約が結ばれていなくてはならな
い。この契約をコルレス契約といい，契約によって開設された一覧払預金口座
のことをコルレス口座と呼ぶ。

国際通貨について重要なことは，取引に使用される通貨の決済は，最終的に
は，その通貨が発行されている国の銀行口座で行なわれるということである。
日米間の国際取引の場合，ドル建取引であれば，最終的な決済はアメリカに所

在する銀行の預金口座で行なわれるが，円建取引の場合は日本に所在する銀行の預金口座で行なわれる。日本とドイツの場合であれば，ユーロ建取引はドイツ（もしくはほかのユーロ導入国）の銀行口座で決済されるが，円建取引は日本の銀行の口座で決済される。

現在，世界的には，貿易や金融取引の最も多くがドル建で行なわれている。このことは，国際決済の多くが，アメリカにある銀行に置かれている，世界各国の銀行名義のドル建一覧払預金口座の振替によって行なわれていることを意味しているのである。

為 替 調 整 取 引

現在の外国為替取引は，第3節でみたように，実需の規模からかけ離れて拡大している。では，どうして実需と関連のない為替取引がこんなにも増えているのであろうか。この疑問に応えるために，銀行どうしで為替取引が行なわれる理由を説明しよう。

送金や取立のための為替は，まず銀行と顧客との間で売買される（図2-2，図2-3の①と②）。しかし，銀行は顧客から買い取った為替をそのままにしておくわけではない。なぜなら，顧客にドルや円を売った銀行は，減少したドルや円（これを為替資金という）を補充しておかなければ次の顧客の要求に応えることができない。また，顧客との売買によって銀行は為替リスクにさらされる。

例えば，銀行が，顧客から1ドル＝100円でドルを買い取った後で，為替相場が1ドル＝90円になれば，銀行には，保有しているドルに対し1ドルあたり10円の損失が生ずることになる。このように，外貨が売りもしくは買いどちらかに偏り，為替リスクにさらされている状況を，持高（ポジションともいう）が生じているといい，売りに偏っている場合は売持，買いに偏っている場合は買持と呼ぶ。いまの例のように，顧客からドルを買い取った銀行は，ドルの買持になっている。

ここでもし，ドルの売持になっている銀行が，ドルの買持になっている銀行に円を売ってドルを買い取ることによって持高がなくなれば，両方の銀行で為替資金不足と為替リスクの両方が解消する。このような取引を為替調整取引という。

銀行間で持高をなくす為替調整取引は，基本的にはその日のうちに行なわれ

る。というのは，円・ドル相場が1円変化すれば年率では300％近い損失を出すことになり，銀行はそれに耐えられないからである。

なお，持高は直物為替，先物為替のそれぞれで発生するし，第6節でみるように，顧客の国際取引（貿易・サービス取引や金融取引など）はいろいろな通貨で行なわれているから，様々な通貨で発生する。銀行は，多様に発生する持高をすばやい為替調整取引により解消しながら，種々のリスクを低減しつつ顧客のニーズに応えようとする。これが銀行間で為替取引が行なわれる根源的な理由である。

持高をすばやく解消するためには，売買したい通貨の組み合わせと金額に見合う取引相手をいち早くみつけることが必要になる。そして，為替調整取引と，次節で説明する金利裁定取引を同時に行なうことで，銀行は金利差益を獲得することができる。

さらに，為替相場が変動すれば，持高を基本的に発生させないようにしながら，銀行間で外貨を安く買って高く売ることで売買差益を獲得することもできる（ディーリングと呼んでいる）。現在，このような銀行間取引がきわめて大きくなっている。

外国為替の取引の大部分が銀行間取引であり，その規模が実需による取引を大きく上回るのは，このように，為替調整取引や金利裁定取引，ディーリングが活発に行なわれているからである。

5　為替相場の決定要因

銀行間相場の決定要因

本節では，為替相場を変動させる要因について説明しよう。為替相場は，銀行間市場における為替の需要と供給で決まることは第2節で述べたとおりである。為替の需要と供給を決めるのは，銀行の持高の状況である。ドルの買持になる銀行が多くなれば，持高の解消のためのドル売りが多くなってドル相場が下がるし，売持になる銀行が多くなれば，ドル買いが多くなってドル相場は上がることになる。

前節で説明したように，銀行間の為替取引は，持高を発生させないように行なわれるから，為替相場の動向を規定するのは，要するに，顧客の様々な国際

取引の動向ということになる。具体的には，貿易やサービス取引，所得の受払といった，国際収支における経常取引のほか，企業の直接投資や機関投資家による証券投資といった，非銀行部門の金融取引である。

経常収支が黒字になれば，一般的には，商品やサービスの対価として流入する外貨により，銀行に外貨の買持が形成され，自国通貨高・外国通貨安の要因となる。逆に，非銀行部門の対外投資は，対外資産を購入するための外貨の需要が増えることを意味するから，銀行に外貨の売持が形成され，自国通貨安・外国通貨高の要因となる。

しかし，経常取引や非銀行部門金融取引の全額が，そのまま外国為替市場に流入することはない。収益の「再投資」（→第１章第４節）など，通貨交換の発生しない国際取引も存在するからである。したがって，国際収支の動向と為替相場が完全に連動するわけではない。

日々の為替相場を左右するのは，銀行間市場に参加している銀行の行動であり，それは短期的な政治経済情勢に大きく影響される。経済統計の公表や，政府や通貨当局の要人発言，突発的なニュースによって為替相場が動くことは珍しくない。仮に，アメリカと中国の貿易交渉が決着したことが市場に伝われば，銀行間市場でドルを高く売ろうとする銀行が出てくるかもしれない。アメリカの失業率上昇が伝われば，逆に，ドルを安く売ろうとする銀行が出てくるかもしれない。

しかし，ここでも重要なのは，銀行は基本的に持高を持たないことである。ディーリングによって一時的にドルを売ったとしても，基本的にはその日のうちに買い戻す必要が生じるからである。為替相場の動向を決めるのは，やはり，顧客との取引によって生じる持高と，それを解消するための為替調整取引であるといえよう。

| 金利裁定取引 と 金 利 平 価 | 銀行間先物相場については，為替スワップ取引を利用した金利裁定取引の動向が大きな影響を与える。表2 |

-2で示したように，銀行間市場においては，単独で売買される先物為替の規模は小さく，かなりの部分がスワップ取引であったことを思い出してほしい。

スワップ取引というのは，第2節で例を挙げたように，直物為替と先物為替の2つの為替取引を，同時に，逆の方向で行なう取引のことであり，外貨建投

第2章 外国為替と国際通貨体制

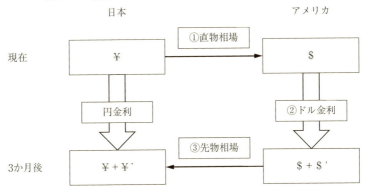

図2-4 為替スワップ取引を利用した金利裁定取引の流れ

ドル金利＞円金利，直物相場＞先物相場のとき，
　ドル金利－円金利＝金利裁定益
　直物相場－先物相場＝直先スプレッド＝為替スワップコスト

（出所）　筆者作成。

資における為替リスクを回避するために用いられるものである。スワップ取引を利用した金利裁定取引の流れを詳しく説明しよう。

　図2-4において，①→②→③が金利裁定取引による資金の流れを示し，スワップ取引は①＋③となる。例えば，3か月運用可能な金融商品の金利がアメリカでは年率6％，日本では年率2％であったとしよう。この場合，銀行は円をドルに替えて投資すれば年率に換算して4％の金利差益を得ることができる。

　しかし，運用期限の3か月後には，逆に，ドルを円に戻す必要が生じる。その時の直物相場が現在の直物相場よりもドル安になっていれば，為替差損が生じて金利差益を失う可能性がある。

　この為替リスクを解消するには，円をドルに替える直物取引①と，3か月後にドルを円に替える先物取引③を組み合わせたスワップ取引を行なえばよい。そうすれば，3か月後の直物相場がいかに変動しようと，ドルを円に戻す為替相場は決まっているので，最終的な円の受取額は変わらない。

　しかし，この取引が活発に行なわれるとどうなるだろうか。直物取引では円

をドルに換える取引が増え，直物相場はドル高円安方向に動く。同時に，先物取引ではドルを円に換える取引が増え，先物相場はドル安円高方向に動く。直物相場と先物相場の差である直先スプレッドがどんどん拡大していくのである。

では，直先スプレッドは際限なく拡大していくかというとそうではない。直物がドル高・円安，先物がドル安・円高に動いて，直物相場が1ドル＝100円，3か月先物相場が1ドル＝99円（直先スプレッドがマイナス1円）になったとしよう。この時，1億円の為替スワップ取引を行なうと，1ドル＝100円の直物相場で買った100万ドルは，3か月後には9900万円に減少する。

スワップ取引による損失は，年率に換算すると，もとの1億円の4％（3か月で100万円の損失だから，年率に換算すると4倍の400万円分に相当する）となり，金利差によって得られる年率4％の利益を相殺する。こうなると，為替スワップを用いた対米投資の旨味はなくなってしまうから，投資そのものが行なわれなくなりスプレッドの拡大も止まるであろう。

このように，直先スプレッド，すなわち為替スワップのコストが金利差に等しくなった状態を，金利平価が成立したという。つまり，銀行間先物相場は，銀行間直物相場と2国間の金利差によって決まるということになる。直物相場や金利差が変動すれば金利平価は成立しなくなるが，そうなると金利裁定取引が活発に行なわれ，再び金利平価が成立して裁定取引はおさまっていく。

| 直先スプレッド |

金利平価の仕組みを説明したところで，銀行間先物相場の見方を説明しよう。金利裁定取引が活発である銀行間市場においては，先物相場は直先スプレッド（スワップレートともいう）の形で表示されることが多い。

表2-5は，ドル，ユーロの直先スプレッドの例である。円の直先スプレッドがマイナスの場合は，日本の金利が低く，プラスの場合は日本の金利が高いことを示している。表2-5では，ドルがマイナスでユーロがプラスになっており，アメリカの市場金利が日本より高く，ユーロ導入国の市場金利は日本よ

表2-5　ドル，ユーロの直先スプレッド（2019年8月28日）

（単位：円）

期間	ドル	ユーロ
1週間	−0.0528	0.0047
1か月	−0.2235	0.0240
3か月	−0.6600	0.0593

（出所）　みずほ銀行「みずほリファレンス」2019年8月28日のデータから筆者が作成。

り低いことを示している。

　為替スワップ取引における先物期間は非常に短く，対顧客取引も含めた取引全体の64.3%は1週間以内，1週間超1か月以内が12.4%である（2019年）。為替スワップ取引が，非常に期間の短い金融取引の為替リスク回避手段として用いられていることが分かる。

　ちなみに，1年未満の直先スプレッドを年率に換算するには，

$$年率（\%）＝直先スプレッドの絶対値（円）÷直物相場（円）×360$$
$$÷先物期間（日）×100$$

を計算すればよい。慣習上，1年は360日，1か月は30日として計算する。**表2-5**における1か月先物の直先スプレッドは−0.2235円で，当時の直物相場は105.77円であった。年率に換算すると，0.2235÷105.77×360÷30×100≒2.5（%）となり，日米の1か月金利の差が2.5%で金利平価が成立しているということになる。

　仮に，ここで日本の金利よりも3%高い金利が得られるアメリカの投資先があったとしよう。当初は，為替スワップを利用して，為替リスクなしで0.5%（＝3%-2.5%）の金利差益が獲得できるかもしれない。しかし，次第に直物ドル買い・円売り＋先物ドル売り・円買いのスワップ取引が活発になっていき，直物ではドル高・円安，先物ではドル安・円高が進む。結局，新たな金利平価が成立して，直先スプレッドが2.5%から3%に拡大することで，この裁定取引は終わってしまうのである。

　| 購　買　力　平　価 |
これまで，実際に為替相場を動かす要因について説明してきたが，為替相場の「あるべき水準」を決める上で有力な考え方のひとつである，購買力平価（PPP）と呼ばれる考え方について説明しておこう。

　購買力平価とは，最も基本的にいえば，2つの通貨の交換比率は，双方の購買力を等しくする水準に決定されるという考え方である。例えば，日本とアメリカで，大きさも重さも味もまったく同じリンゴが売られていて，日本では200円，アメリカでは2ドルであったとする。まったく同じリンゴは日米で同じ値段が付くと考えれば，2つの通貨の購買力が等しい2ドル＝200円，すなわち1ドル＝100円が購買力平価ということになる。

日々の為替相場は購買力平価からは乖離するが，かなり長期的にみれば一致した動きをする，ということが実証的に知られている。したがって，為替相場が購買力平価と大きく離れれば，いずれは購買力平価に向かって修正される可能性はある。ただし，いつ，どの程度まで修正されるかは分からない。

また，購買力平価は様々な機関が算出しているが，基準の設定（通常は，複数の商品の総合的な価格である物価指数を用いる）や計算の方法に違いがあるので，異なる機関の購買力平価を単純に比較することはできない。

購買力平価を用いる利点は，物価水準を加味した国際比較が可能になることである。例えば，人民元の対ドル相場は1ドル＝7.14元前後で推移しているが（2019年8月現在），IMFが算出する購買力平価は1ドル＝3.51元（2019年4月現在）である。中国の2018年の自国通貨建1人当たり名目GDPは，約5.9万元であるので，現実の為替相場で換算すると約8300ドルになるのに対し，購買力平価で換算するとおよそ倍の1.7万ドルになる。購買力平価の観点からは，中国の物価の安さが現実の為替相場に反映されていないということになり，1.7万ドルの方が中国の生活水準の実態を反映した「実力」である，という主張がなされることになる。

逆に，購買力平価を用いる欠点は，物価水準のみで為替相場を考えることである。商品以外の他の国際取引，とくに金融取引に伴う為替相場の変動がこの「理論」では無視されることである。先進国どうしで数年間に物価水準の30％の差異が生まれることはまずないが，国際的な大きな資金移動により，為替相場が短期間に30％変動することは現代ではよくあることである。

為替相場は，本来的には，国際取引の種々の状況を反映した，自国通貨と他国通貨の需要と供給の変化に応じて変動するものであることをもう一度強調しておこう。

6　国際通貨の機能と国際通貨体制

貿易取引に用いられる通貨　銀行間で外国為替取引が行なわれる理由と，外国為替相場の変動要因を説明したところで，国際通貨と，それらが世界経済で果たす役割に話を戻そう。

第 **2** 章　外国為替と国際通貨体制　37

表 2-6　各国の自国通貨建貿易比率

(単位：%)

		1970年代	1980年代	1990年代	2000年代	2018年
日本	輸出	18	34	38	40	37
	輸入	1	13	24	24	24
ドイツ	輸出	87	82	75	61	–
	輸入	42	53	52	53	–
アメリカ	輸出	–	96	–	–	–
	輸入	–	85	–	90	–
インドネシア	輸出	–	–	0	0	–
	輸入	–	–	0.2	0.4	–
タイ	輸出	–	–	2	5	–
	輸入	–	–	0.5	6	–

(注)　日本：1975年，1988年，1994年，2004年下期，2018年下期，ドイツ：1976年，1988年，1995年，2004年，アメリカ：1988年，2003年，インドネシア：1995年，2004年，タイ：1995年，2003年。各国とも，1％未満の数値のみ小数第1位まで示した。

(出所)　S. A. B. Page, 'Currency of Invoice in Merchandise Trade', *National Institute Economic Review*, Aug., 1977, A. Kamps, *The Euro as Invoicing Currency in International Trade*, Aug. 2006, *IMF Survey, Monthly Report of the Deutche Bundesbank, Review of International Role of the Euro*,『大蔵省国際金融局年報』,『貿易取引通貨別比率』。

　国際通貨の実体は，外国の銀行におかれた外貨建一覧払預金口座の残高であることを第4節で説明した。貿易や対外投資といった取引の際には，取引の目的に応じた通貨が選択される。どのような通貨が取引に使われているのかを確認しよう。

　表2-6は，各国の自国通貨建貿易比率を示したものである。日本では，かつては円建比率が低かったが，2000年代まで上昇を続け，2018年下半期では輸出の36.7％，輸入の23.7％が円建である。なお，円建以外では，ドル建が輸出の50.4％，輸入の69.8％を占め，ユーロ建が輸出の6.3％，輸入の3.7％，人民元が輸出の1.6％，輸入の1.0％となる。日本の貿易はほとんどドル建と円建で行なわれているということになる。

　ヨーロッパの先進国では，ユーロ導入以前から自国通貨建貿易の比率が比較的高い。ドイツは輸出の6割，輸入の5割程度が自国通貨建である（1999年以降はユーロ，それ以前はドイツ・マルク）。1960年代から90年代にかけて，西ヨーロッパ諸国では概して輸出では自国通貨，輸入では相手国通貨が多く用いられ，ドルは対米貿易か石油等の鉱物資源，小麦等の一次産品の輸入で多く使わ

れていたという傾向があった。アメリカの自国通貨建比率は非常に高く，2000年代の輸入で90％がドル建である。

　インドネシアやタイの例をみれば明らかなように，新興国や途上国では自国通貨建貿易の比率は非常に低く，主にドル建で貿易が行なわれている。中国についても，人民元の「国際化」を反映して，中国本土と香港等の間での人民元決済の比率が上昇しつつあるが，大半の貿易はドルで行なわれている。ヨーロッパでユーロを導入していない新興国や途上国では，ユーロ建の貿易比率が輸出入ともに高くなっている（→第**6**章）。

　貿易に関しては，世界的にみればドルの利用が多く，ユーロがそれに次ぐ。ただ，先進国を中心に，自国通貨建の貿易比率が高い国もあり，様々な通貨が貿易に用いられていることが分かる。

> **対外投資に用いられる通貨**

対外投資にはどのような通貨が使われているのかについて，詳細な数字の入手できる，日本の証券投資の通貨別残高で確認しておこう。

　表2-7によれば，2018年における日本の対外投資の残高は，ドル建が最も多く約半分，次いで円建，ユーロ建，オーストラリア・ドル建となる。リーマンショック直前までユーロ建投資が増加しており，ドル建投資の比率が下がっていたが，ヨーロッパのソブリン危機や金融危機以降，再びドル建投資の比率が高まっている（→第**6**章）。

　対外投資については，世界的にみてもドルとユーロの利用が大きいが，それ以外にも様々な通貨が用いられている。決して，ドルやユーロだけですべての国際経済取引が行なわれているわけではないのである。

> **為替媒介通貨**

第2節でも説明し，本節の表2-6と表2-7でも改めて確認したように，銀行は，顧客とは様々な通貨を取引している。しかし，表2-3でみたように，銀行間の為替取引になるとなぜドルとの組み合わせがほとんどになってしまうのだろうか。

　これは，第4節で説明した，銀行の行なう為替調整取引に関係している。例えば，日本市場において，貿易業者から韓国ウォンを買い取った結果，ウォンの買持が生じた銀行があるとしよう。銀行は，ウォンを売って円を買うことでこの買持を解消できるが，それにはウォンの売持を持っている銀行が必要である。

第**2**章　外国為替と国際通貨体制　　39

表2-7　日本の通貨別対外証券投資残高

（各年末，単位：億円）

	2008		2013		2018	
	金額	比率（%）	金額	比率（%）	金額	比率（%）
ドル	84.7	39.3	162.3	45.2	216.4	48.0
円	63.1	29.3	83.0	23.1	107.7	23.9
ユーロ	38.3	17.7	61.3	17.1	61.8	13.7
オーストラリア・ドル	8.1	3.7	16.9	4.7	22.6	5.0
ポンド	7.4	3.4	11.5	3.2	10.9	2.4
カナダ・ドル	3.0	1.4	4.3	1.2	4.8	1.1
香港ドル	1.3	0.6	2.7	0.7	3.6	0.8
スイス・フラン	1.2	0.6	2.3	0.6	2.2	0.5
デンマーク・クローネ	0.7	0.3	0.6	0.2	1.9	0.4
スウェーデン・クローナ	0.7	0.3	1.1	0.3	1.7	0.4
人民元	-	-	-	-	0.5	0.1
その他	7.2	3.3	13.4	3.7	16.7	3.7
合計	215.7	100	359.2	100	450.8	100

（注）　資産サイドの値。
（出所）　日本銀行および財務省「証券投資（資産）残高通貨別・証券種類別統計」より筆者作成。

　しかし，表2-6，表2-7から分かるように，日本の企業や金融機関が貿易
や金融取引でウォンを利用することはかなり少ない。ウォンの一定額にのぼる
売持や買持をもつ銀行はほとんどなく，日本の銀行間でウォンを買って円を売
ることは難しい。

　一方で，韓国の企業や金融機関はドル建の国際取引を行なっているので，韓
国の銀行にはドルの売持や買持が生じる。したがって，韓国の銀行間ではドル
とウォンの取引が活発になる。そこで，日本の銀行は，韓国やアメリカの外国
為替市場に参加して，とりあえずドルを買ってウォンを売ればウォンの買持は
解消できる。

　次はドルの買持の解消が必要になるが，ドルと円の交換相手なら日本市場で
容易に見つかるので，ドルの買持の解消は容易である。つまり，本来必要で
あったウォン売り・円買いという為替調整取引を，ウォン売り・ドル買い＋ド
ル売り・円買いという形で，ドルを媒介にして実行したのである。

　このように，銀行間外国為替市場において，通貨交換の仲立ちとなる通貨

（上記の例ではドル）のことを為替媒介通貨という。ある通貨が為替媒介通貨としての地位を得るには，国際通貨として貿易や対外投資に幅広く利用される必要がある。ドルは1960年代頃から，ポンドにかわって石油や一次産品の取引通貨として使用されるようになり，ドルの国際的な運用市場であるユーロダラー市場が成長したことで為替媒介通貨としての役割を果たすようになった。外国為替市場におけるドルの地位は，エネルギーや資源の取引，ユーロダラー市場などの金融市場からも影響を受けている。

　ドルはその後しばらくの間は唯一の為替媒介通貨であったが，1980年代末以降，ヨーロッパの外国為替市場でドイツ・マルクが為替媒介通貨として機能しはじめるようになった。そして，1999年，EU（欧州連合）加盟国の一部で導入されたユーロが，マルクの地位を引き継ぎ現在に至っている（→第**6**章）。

　第2節でみたように，各国の銀行間相場がドルとユーロに対してのみ建てられているのも，両通貨のみが銀行間為替市場で為替媒介通貨として機能しているからなのである。

為 替 相 場 制 度

為替相場に関する取り決めや政策のことを，為替相場制度という。為替相場制度は一般的に，為替相場の自由な変動を許す変動相場制と，変動幅を一定に抑制する固定相場制とに分けられる。ただし，変動相場制であっても変動幅を一定に管理している国や，逆に，固定相場制であっても比較的広い変動幅を許容している国がある。また，公式に宣言している制度と実態が異なっているような国もある。

　変動相場制のもとでは，取引参加者は為替リスクに晒されざるを得ないから，そのリスクのない固定相場制のほうがメリットが大きいように感じられる。しかし，為替相場は本来，国際取引の状況を反映した自国通貨と他国通貨の需要と供給の変化に応じて変動するものである。固定相場制というのは，その変動を人為的に管理しようとする制度にほかならない。固定相場制を導入している国においては，取引当事者は為替リスクの大部分を免れることはできるが，引き換えに，為替相場維持のコストを社会全体で負担せざるを得ないことになる。

　現在では主に，変動幅の固定は，通貨当局による為替市場への介入を通じて実行されている。ただし，国際取引を規制している国では，外国為替市場その

ものが存在せず，通貨当局があらかじめ定めた為替相場で，許可された者にしか通貨の交換を認めないこともある。さらに，ある国で自国通貨の価値が極めて不安定となり，その国の中でさえ自国通貨よりもドルやユーロの利用が広まることで，事実上，通貨の交換が不要になってしまっているような国もある（ドルやユーロといった外貨によって自国通貨が取って代わられることを「ドル化」あるいは「ユーロ化」と呼ぶ）。

　各国が採用している為替相場制度については，IMF が毎年報告書を提出している。最新の報告書では，完全な変動相場制を採用している国は31か国で，それ以外の161か国は何らかの形で為替相場を管理あるいはほぼ完全に固定している。完全な変動相場制を採用しているのは日本やアメリカ，ユーロ導入国，イギリスなどの先進国が中心である。これらの国の国際取引の規模が大きいことから，世界的にも完全な変動相場制が中心であると理解されることがあるが，国の数の上ではむしろ少数派なのである。

| 基準通貨，介入 |
| 通貨，準備通貨 |

　基準通貨とは，各国の基準相場となり，為替相場制度において重要な地位にある通貨のことである。第2節で説明したように，世界の多くの国ではドルが基準通貨であるが，ヨーロッパではユーロを基準通貨としている国もある。

　外国為替市場の存在する国では，基準通貨に対する変動幅の固定は銀行間為替市場への為替介入によって実施される。例えば，貿易赤字が拡大し，輸入決済に必要なドルの需要が高まってドル高・自国通貨安が一定以上に進行すると，通貨当局が銀行に対してドル売り・自国通貨買いを行なう，というような形で為替介入は実施される。

　外貨売り介入を行なうためには，通貨当局はあらかじめ，外貨準備として外貨を保有しておかなければならない。外貨売り介入が続けば保有している外貨は減少していくので，介入には限界がある。自国通貨の下落が加速して保有外貨が底をつけば，介入できなくなって基準相場を切り下げなければならないし，それでも下落を食い止められなければ固定相場制そのものを放棄せざるを得なくなる。

　逆に，自国通貨の上昇を抑制するためには外貨買い・自国通貨売りの介入が行なわれる。この場合，買い取った外貨は外貨準備を増加させるが，銀行に売

り渡した自国通貨は通貨量を増やすことになるので，放置すれば物価を上昇させる圧力となる。そして，不動産バブルの発生などといった形で社会全体に負の影響を及ぼすこともある。

さて，基準相場を一定の幅に維持するための為替介入に用いる通貨を介入通貨といい，外貨売り介入のためにあらかじめ保有しておく外貨のことを準備通貨という。固定相場制を採る国においては，基準通貨と介入通貨，準備通貨は基本的に同一であり，ドルもしくはユーロであることが多い。ただ，国によっては，基準相場が複数通貨の加重平均（バスケット制という）で決定されていることもある。為替相場制度に関する IMF の報告書によれば，2018年において，ドルを基準通貨としている国は38か国，ユーロを基準通貨とする国は25か国，バスケット制を採る国は 9 か国あるとされている。

世界各国が保有する外貨準備の通貨別比率は，IMF が発表している2018年末のデータによれば，ドル61.7％，ユーロ20.7％，円5.3％，ポンド4.4％，人民元2.0％，カナダ・ドル1.8％，オーストラリア・ドル1.6％，スイス・フラン0.1％，その他2.5％となっている。準備通貨においてはドルの地位が圧倒的であり，ユーロがそれに次ぐ。両通貨の地位が抜きん出ていることが理解できよう。

| 基 軸 通 貨 と |
| 国 際 通 貨 体 制 |

基軸通貨とは，国際通貨の中で中心的な役割を果たしている通貨のことである。具体的には，外国為替市場において為替媒介通貨として機能し，かつ，各国の為替相場制度における基準通貨，介入通貨，準備通貨として機能している通貨である。現在，ヨーロッパを除く地域における基軸通貨はドルであり，ヨーロッパに限定すればユーロが基軸通貨としての役割を果たしている。この意味で，現在の国際通貨体制はドル体制とユーロ体制から構成されている。ドル体制については第 **4** 章で詳しく説明するが，本章でも概略を述べておこう。ユーロ体制については第 **6** 章で説明する。

ドルは，1945年に発足した IMF（国際通貨基金）において基準通貨としての地位が明記されていた。しかし，1958年までは戦後の復興を理由として，主要国の通貨でさえドルとの自由な交換ができなかった。そのため，1960年代までドルは外国為替市場における為替媒介通貨として機能しなかった。ドルが基軸

通貨の地位を獲得する過程において，ドル建の国際取引の増加と国際的なドル運用市場の成立が大きく寄与したが，その前提として，為替取引の自由化が必要不可欠だったのである。

第1章と第4章で，グローバル・インバランスについて述べられているが，現在の国際的な資金の流れは，主に，巨額の経常赤字によってアメリカから流出した資金が，金融収支の諸項目の赤字によってアメリカに還流する形で形成されている。したがって，アメリカが経常赤字を継続する以上，アメリカに対して投資を行なう主体が存在しなければドル体制の継続には懸念が生じる。

アメリカに対する投資は，民間の直接投資や証券投資だけでなく，外貨準備としてドルを保有するという形態もある。むしろ，外貨準備はその国の通貨政策と密接に関わるため，ある程度長期的・固定的に保有されることが多く，ドル体制の維持という観点からは，ドル建の外貨準備の方が民間投資よりも大きな意味をもっているということもできる。

1980年代から90年代は，アメリカへの資金還流の中心ルートは日本を中心とした先進国による対米投資であった（ジャパンマネーの時代）。2000年代に入ると，原油価格の上昇を反映して中東諸国の対米投資が増大し，さらに，貿易黒字拡大と為替政策によりドル建外貨準備を増大させた中国が，対米資金還流の主役となって現在に至る（オイルマネーとチャイナマネーの時代）。

そして，2014年頃からオイルマネーとチャイナマネーの動きに変化が生じ，ドル体制を支える構造が大きく変わりつつある。このように，国際マネーフローを詳細に分析すれば，ドル体制を支える構造を明らかにすることができるのである。

ドル体制の今後については，ユーロや人民元の動向が影響を及ぼすことになるだろう。ただし，第4章，第6章と第8章で詳述するが，基軸通貨としてのユーロの地位はヨーロッパ域内にとどまると見込まれ，人民元については為替媒介通貨化や基軸通貨化を見通せる状況にないと考えられる。様々なチャレンジを受けてはいるが，ドル体制はかなりの期間続く可能性が高いと考えられる。

【参考文献】

①奥田宏司（2002）『ドル体制とユーロ，円』日本経済評論社：「ドル体制」とは何かをテーマに，広範な議論を展開した論考。

②奥田宏司（2012）『現代国際通貨体制』日本経済評論社：①の続編となる論考。リーマンショックを経て大きく変化した国際通貨体制の全貌を明らかにしている。

③奥田宏司（2017）『国際通貨体制の動向』日本経済評論社：②の続編となる，現在の国際通貨体制に関する論考。第1章では，BISの調査と各国中央銀行の統計を用いて，世界の外国為替の現状を明らかにしている。第3節の補完として参照されたい。

④田中綾一（2017）「複合危機とグローバル・インバランス」『複合危機—ゆれるグローバル経済』日本経済評論社：リーマンショック以降の国際マネーフローについて分析した論考。本章第6節の補完として参照されたい。

⑤星野智樹（2018）『「ドル化」政策の検証』文眞堂：外国通貨によって自国通貨が取って代わられる「ドル化」に関する論考。第6節の補完として参照されたい。

⑥東短リサーチ株式会社編（2019）『東京マネー・マーケット〔第8版〕』有斐閣選書：短期金融市場や外国為替市場の動向が実務家によって詳しく解説されている。第2節および第5節の補完として参照されたい。

［田中　綾一］

第3章 現代の国際金融・資本市場

現代においては，金融市場の混乱が実体経済の混乱につながる事態が周期的に発生するようになっている。実体経済取引の規模よりも金融取引の規模のほうが圧倒的に大きくなっており，2016年のデータでみると，世界の外国為替取引額は世界の貿易額（輸出額）の約85倍に達している。金融取引の拡大には，プラスの影響とマイナスの影響の両方がある。本章では，発展がとどまる気配をみせない現代の国際金融・資本市場について概説する。

1 国際金融・資本市場の発展

国際金融・資本市場とユーロダラー　国内の金融市場では，資金不足主体は資金調達を行ない，資金余剰主体は資金運用を行なっている。また，デリバティブ取引や証券化も様々な投資主体によって行なわれている。同様の取引が国際的にも行なわれており，国際金融市場を形成している。国際金融市場とは，多国籍企業，多国籍銀行，各国政府など多岐にわたる世界中の投資主体により，資金の調達や運用，各種リスクのヘッジ，投機，裁定取引，などを目的とした国際的な金融取引が行なわれている市場のことである。国際金融市場として知られる代表的な都市は，ニューヨーク，ロンドン，香港，シンガポール，上海，東京，トロント，チューリッヒ，フランクフルト，シドニー，ドバイなどである。主にこれらの国際金融市場を通して，大規模なクロスボーダー（国境を越えた）取引が日々行なわれている。

20世紀以降の国際金融市場において重要な位置にあるのは，ニューヨークとロンドンである。アメリカの経済発展に伴って第一次世界大戦後から急激に発達したニューヨーク金融市場は，ドルが基軸通貨の地位を確立した第二次世界大戦後，国際金融市場としての性格がより強まった。1950年代後半にユーロダラー（「ユーロ」の意味はコラム参照）が登場すると，ロンドンが国際金融市場として復活し始め，60年代半ばにはニューヨーク金融市場を凌駕するまでに至っ

た。ロンドンはその後も国際金融市場として発展し続けている。

　国際金融市場は伝統的市場とユーロ市場に分類できるが，現代においては前者の規模よりも後者の規模のほうが圧倒的に大きい。そして，ユーロ市場の中心はロンドンであり，ロンドン市場の地位の安定には政治経済的問題が多大な影響を及ぼしている。2016年6月に実施された国民投票の結果を踏まえたイギリスのEU（欧州連合）離脱問題（いわゆるBrexit）では，ロンドンにおけるユーロ取引への影響はもちろんのこと，国際金融市場の相対的位置関係やグローバルマネーフローの動向などに大きな影響が及ぶことが懸念されている。

　国際金融市場は，これまでにも様々な政治経済的イベントに翻弄されてきた。歴史の詳細は金融史に譲るが，将来の国際金融市場に大きな影響を及ぼしうるその他の要因としては，①米中貿易摩擦の動向，②人民元の管理された国際化と一帯一路構想に関連したAIIB（アジアインフラ投資銀行）の進展，③先進各国における非伝統的金融政策の深化および同政策からの脱却，④ブロックチェーン技術を応用した新たな暗号資産（仮想通貨）やCBDC（中央銀行デジタル通貨）の発展，⑤国際金融規制の動向，などが挙げられる。これらの行方には，今後も大きく注目する必要がある。

　先に国際金融市場は伝統的市場とユーロ市場に分類できると述べたが，ユーロ市場はさらにユーロカレンシー市場とユーロ証券市場に分類できる。ユーロダラーは，ユーロカレンシーの一種類である。ユーロダラーの取引と決済について確認しておこう。第二次世界大戦後，アメリカ以外に所在する銀行，例えばイギリスのロンドンに所在する銀行が顧客からドル預金（定期預金）を集め，その集めたドルを別の顧客に貸し付けるという業務を行なうようになった。ヨーロッパで取引されるドルであったことからユーロダラーと呼ばれ，この市場はユーロダラー市場と呼ばれた。ユーロダラー市場でのドルの貸借自体はアメリカ国外（この例ではロンドン）で行なわれているのであるが，その最終的な決済はアメリカ国内にある銀行の当座預金勘定の振替によって行なわれる（→第**2**章）。現代においては，アメリカ以外で取引されるドルはヨーロッパのみならずアジアを含む世界中で拡大しているが，どこで取引されていようとも，昔の名残で当初と同じユーロダラーという呼び方がなされている。

　ユーロダラー市場の拡大についても確認しておこう。ユーロダラー市場は

第**3**章　現代の国際金融・資本市場　47

◆ユーロとユーロ，2つの意味

　ある国の通貨がその発行国以外で取引される貸付・借入市場が，ユーロカレンシー市場である。アメリカ以外で取引されるドルはユーロダラー，日本以外で取引される円はユーロ円，ユーロ導入国以外で取引されるユーロはユーロ・ユーロと呼ばれる。ヨーロッパ以外で取引される場合であっても頭に「ユーロ」という言葉がつく理由は，本文で説明したとおりである。1999年1月1日にユーロが導入されるまでは，「ユーロ」という言葉は「ある通貨の発行国以外の場所における」という意味でしかなかったが，ユーロの導入以降は「共通通貨ユーロ」の意味でも使用されるようになった。

　ユーロカレンシー市場と同じような取引が証券市場でも行なわれている。「ユーロ債」である。ユーロの導入までは「ある通貨の発行国以外の場所で発行された債券」しか意味しなかったが，ユーロの導入以降は「ユーロ建の債券」と混同してしまう可能性が生じ始めた。本書では，両者の区別を明確にするため，従来の意味でのユーロ債はユーロ国際債と表記し，単なるユーロ建の債券はユーロ建債と表記している。ユーロ国際債市場で発行される債券は，「ある通貨の発行国以外の場所における」という意味のユーロの後にその債券の発行通貨が表記される。アメリカ以外で発行されたドル建の債券はユーロダラー債と表記される。

1950年代後半に発生したとされ，60年代に拡大した。70年代以降，多国籍企業および多国籍銀行のより大きな展開や2度のオイルショックで産油国が豊富なオイルマネー（経常収支黒字）をもつようになったことなどもあって，ユーロダラー市場はさらに拡大した。同時期にユーロダラー市場に流れたドル預金は，原油輸入代金の支払などにより貿易収支が赤字となった先進国へ還流しただけでなく，多国籍銀行の中南米諸国への融資ともなっていった。しかし，中南米諸国の多くでデフォルト（債務不履行）やリスケジューリング（債務の繰り延べ）が発生したことなどから，それまでユーロダラー市場において中心的な取引形態であったシンジケートローンの役割が低下した。ローン形態に代わって債券での運用が選好されるようになったことからユーロダラー市場では証券取引が増加し，ユーロ証券市場が発展した。ユーロ証券市場はユーロエクイティ市場とユーロ債券市場に分けられ，前者は株式の発行および流通，後者は債券の発行および流通を行なう市場である。

| オフショア市場 | ユーロカレンシー市場と似た市場に，オフショア（off shore＝岸から離れた）市場がある。ユーロカレンシー

市場とオフショア市場は，概念上は一応別物であるが，重なっている部分が多い。一部の規制が免除されているオフショア市場は，各通貨間の金利裁定取引や規制および租税の回避などを目的として利用される。オフショア市場では銀行は特別勘定を作り，非居住者から受け入れた預金を非居住者に貸し付ける。基本的には国内取引と分断された「外－外」取引のみが認められている市場である。このタイプとして，ニューヨーク，シンガポール，東京，タイが挙げられる。オフショア市場には，特別勘定内で非居住者から受け入れた預金を国内居住者に貸し付ける「外－内」取引が認められているタイプもある。このタイプとしてロンドンと香港が挙げられるが，両都市では「外－外」取引と「外－内」取引がともに行なわれていることから，ユーロ市場であるとともにオンショア（on shore＝岸とつながった）市場とみることもできる。また，オフショア市場では「外－外」取引に限定して自国通貨の取引が認められており，この点でユーロカレンシー市場とは異なる。

　現代において存在感が高まっているのは，タックスヘイブン型のオフショア市場である。多くのヘッジファンドの拠点となっていることや，多国籍企業，諸金融機関による巧妙な利益隠蔽の事実が数多くあることから，規制や監督のあり方がG20など国際会議の場で議題となっている（→本章第2節）。

　リーマンショック後から注目を集めているのが，人民元オフショア市場である。人民元オフショア市場の拡大は，中国本土外にクリアリング銀行（中国本土内の銀行と人民元決済ができる特別な銀行）を設置することによって進められている。2018年6月末時点において，クリアリング銀行を受け入れている国・地域は23の国と地域に広がっている。香港，マカオ，台湾，シンガポール，イギリス，アメリカをはじめ，中東やアフリカ，南米にもクリアリング銀行を受け入れている国がある。2018年10月には，中国銀行東京支店が日本における人民元のクリアリング銀行に指定された。世界中に広まりつつあるものの，人民元の供給ルートのほとんどが香港にあることから，人民元オフショア市場の中心は香港である。また，オフショア人民元が先に説明したユーロカレンシーとは性格が異なるものであるということにも注意が必要である（→第**8**章）。

第3章 現代の国際金融・資本市場　49

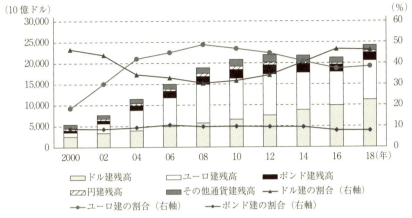

図3-1　国際債券の通貨建別残高（各年末）

（出所）　BIS Debt securities statistics から筆者作成。

国際債券市場の規模　一般的な国際債券の定義は，ユーロ国際債に外債を加えたものである。BIS（国際決済銀行）の国際債券の定義は，「①非居住者により発行された債券，②居住者により発行された現地通貨建債券のうち非居住者を対象とする債券，③居住者により発行された外貨建債券」，である。日本でいうサムライ債とショーグン債は①のカテゴリーに入り，前者は円建，後者は外貨建，である。また，BISは以前，国際債券と国際株式の残高を国際証券の残高として公表していたが，2012年12月から国際株式の公表を中止した。現在は，国際債券（ユーロ国際債＋外債）の残高と国際短期金融商品の残高を国際証券の残高として公表している。2018年末時点で，国際証券残高のうち国際債券（ユーロ国際債＋外債）が96％を占め，国際短期金融商品が4％を占めている。

　図3-1は，国際債券残高の推移を示したものである。国際債券全体の残高をみると，2000年末に5.4兆ドルであったものが，10年末には4倍弱（20.8兆ドル）にまで増加している。その後は2016年末まで横這いとなっているが，2012年末から16年末にかけては多少ながら減少している。同期間における動きについては，世界金融危機および欧州債務危機の影響を受けて国際債券残高の伸びが頭打ちとなった印象は否めない。しかしながら，2018年末には再び増加に転

じ，2000年末と比較して5倍弱（24.2兆ドル）に迫る残高となっている。2000年代の急激な伸び率ほどではないにせよ，2010年代も傾向としてはいまだ増加傾向にある。

　国際債券残高を通貨建別の割合でみると，2000年代の初めはドル建の割合が高かったが，ユーロの登場後から次第にユーロ建の割合が上昇し始め，2002年末から04年末にかけてユーロ建の割合がドル建の割合を上回るに至った。その後の転換点は2008年である。2008年末以降，ユーロ建の割合は低下傾向を示し，ドル建の割合は上昇傾向を示している。欧州債務危機が顕在化した2010年以前については，国際債券市場におけるユーロの台頭という言葉が当てはまったように思われるが，ユーロの今後は不透明であるため，引き続き注目が必要であろう。

　<u>デリバティブ市場の拡大</u>　1970年代以降の国際金融市場における特筆すべき事項として，デリバティブ市場の急激な拡大が挙げられる。特に1980年代に同市場が急拡大した理由としては，①70年代からの変動相場制や金融自由化の進展により，各種リスク（市場リスクや信用リスク，為替リスクなど）の管理に対する重要性が高まったこと，②ICT（情報通信技術）の発達により，複雑多様な金融商品が開発されるようになったこと，③伝統的業務で収益をあげにくくなった商業銀行が，収益を確保するために投資銀行業務に参入していったこと，などが挙げられる。投資銀行業務とは，証券の引受・発行，自己勘定取引（トレーディング），M&Aのアドバイザリー，デリバティブ取引などの業務を指す。これらを主たる業務として行なう金融機関は，一般的に投資銀行と呼ばれる。

　商業銀行がデリバティブ市場へ参入することで，新たな問題が発生しうる。利益追求のためとはいえ過度なリスクテイクの末に商業銀行の経営が不安定となるようなことがあれば，実体経済も不安定になりかねない。そのような事態は未然に防止されねばならず，商業銀行には経営の健全性に対する規制が必要となる。商業銀行に対する世界的な規制として，バーゼル銀行監督委員会で合意されたBIS規制がある（→『現代国際金融〔第3版〕』第**3**章のコラム参照）。

　デリバティブ市場の規模を確認しておこう。デリバティブには，取引所取引の市場（上場）デリバティブと相対取引のOTC（店頭）デリバティブという分

図3-2 店頭デリバティブ取引の想定元本残高推移（各年末）

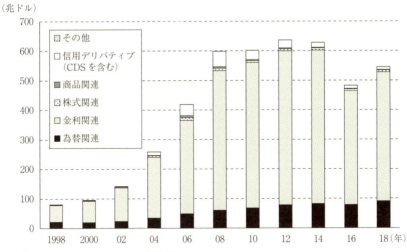

（出所）BIS Derivatives statisticsから筆者作成。

類があり、世界金融危機以前は後者がデリバティブ取引全体の約9割を占めていた。図3-2は、世界の店頭デリバティブ取引の残高（想定元本ベース）の推移を示したものである。一貫して金利関連の残高の割合が大きいのが特徴である。デリバティブ市場の規模を表すものとして、想定元本が使用される。想定元本とは、実際に受け渡しされるキャッシュフローの金額を計算するために想定される名目上の元本のことである。オプション取引では権利が行使されない場合もあるし、金利スワップ取引では金利部分のみが交換されるため、想定元本という概念が用いられる。2000年末に95兆ドルであった想定元本残高は急増を続け、08年末には598兆ドルへ達するまでに至った。2008年まで非常に高い伸びを示した想定元本残高であったが、世界金融危機を受けて、取引条件が統一されたすべての店頭デリバティブ取引の資金決済はCCP（中央清算機関）を介して行なうことなどを求めるグローバル金融規制が強化された（→第5章）こともも影響して、08年を境にその伸びは停滞している。

各種デリバティブの概要 デリバティブとは、金融派生商品という訳語のとおり、もととなる商品（原資産という）の現物取引から

派生して生じる各種取引のことである。主に原資産の現物取引に伴うリスクをヘッジすることを目的として利用されるが，投機や裁定取引を目的としても利用される。デリバティブの代表的なものとしては，先渡し，先物，オプション，スワップ，信用デリバティブが挙げられる。これら5種類のデリバティブのうち，信用デリバティブは信用リスクを売買するデリバティブであり，残りの4種類は市場リスク（価格変動リスク）を売買するデリバティブである。以下ではそれぞれの取引の概要を説明する。

先渡し取引とは，将来のある時点における取引価格や取引数量を，現時点で決めて行なう相対取引のことである。相対取引は，OTC（店頭）取引とも呼ばれ，取引条件を当事者間（1対1）で決める取引である。例えば，1か月後に1万ドルの代金支払を予定している輸入企業があるとする。この輸入企業には，為替相場の変動により1か月後に1万ドルを用意するのに必要となる円の金額が変動するリスクがある。そのような事態を回避するため，この輸入企業は銀行と先渡し契約を結び，1か月後に必要となる円の金額を現時点で確定させておくのである。そうすれば，たとえ1か月後の直物相場が円安になっていようとも，1か月前に決めた条件で取引ができる。ここで何よりも重要なことは，この取引を行なうことで将来時点における円の必要金額を現時点で確定させることができるということである。輸出の場合も同様である。

先物取引には，先渡し取引である先物為替取引に限らず，将来のある時点における取引価格や取引数量を現時点で決めて行なう種々の取引所取引がある。通貨先物，債券先物，株式先物などである。それらは，先渡し取引とは似ているようで異なる。先渡し取引が相対取引であるのに対し，先物取引は取引所取引である。先物取引では売買単位や受渡日などの取引条件が統一され，一定額の証拠金（マージン）があれば売買可能である。証拠金とは，その取引を保証するために投資家が清算機関（取引所等）に対してあらかじめ差し入れておく資金のことである。先物取引の特徴として，現物の資産を保有していない場合でも，売りから取引に参加することができる点が挙げられる。先物取引は，価格変動リスクをヘッジするための手段以外にも，キャピタルゲイン（値上がり益）を得るための対象商品としても利用される。また，先物には金融先物以外にも原油などの商品先物がある。原油などの商品先物市場には時として大量の

図3-3 オプション取引の損益グラフ

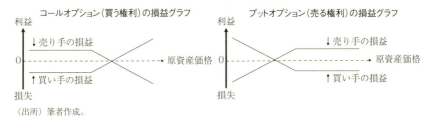

(出所) 筆者作成。

　国際過剰資金が一気に流入し，価格が急騰することがある。一方で，同市場から大量の資金が一気に流出し，価格が急落することもある。大量の資金の急激な流出入により価格が大きく変動することがある点は，金融先物と商品先物に共通する。

　オプション取引とは，株式や債券などを将来の権利行使日にあらかじめ決められた価格で買うもしくは売ることができる権利を売買する取引のことである。したがって，オプション取引には，①売る権利を買う，②売る権利を売る，③買う権利を買う，④買う権利を売る，の4種類があることになる。「権利を売買する」というのがオプション取引の特徴であり，買う権利か売る権利かにかかわらず，将来の権利行使日の取引時点では売り手と買い手が存在することになる。買う権利はコールオプション，売る権利はプットオプション，とそれぞれ呼ばれる。

　オプション取引におけるオプションの買い手と売り手が置かれる状況を確認しよう。本章では，コールオプションについて説明する（図3-3の左図）。コールオプションの買い手はオプション料（プレミアムという）を支払い，買う権利を購入する。相場が思惑とは逆に動いてしまった場合，コールオプションの買い手は権利を放棄する。権利を放棄することによる損失は，オプション料に限定される。このオプション料はコールオプションの売り手の利益となる。したがって，コールオプションの売り手は，たとえ株式や債券を保有していなくとも，コールオプションの買い手から資金を得ることができる。相場がコールオプションの買い手の思惑通りに動いた場合，コールオプションの買い手は権利を行使する。その場合，コールオプションの売り手は取引に応じる義務を負っているから，取引対象となる株式や債券の市場価格がいくらであろうとも必ず

それを確保しなければならない。そのため，コールオプションの売り手の損失は，無限大となる可能性がある。

オプション取引には買う権利と売る権利の売買があるだけではなく，権利行使価格についても種々の設定が可能である。また，複数のオプションを組み合わせ，現物取引では実現できない損益パターンを作ることも可能となっている。先物取引と同様，オプション取引も価格変動リスクをヘッジする重要な手段となっている。

スワップ取引とは，将来の異なるキャッシュフローを交換（スワップ）する取引（契約）のことである。取引所取引がメインである先物取引やオプション取引と異なり，スワップ取引は相対（店頭）取引がメインである。スワップ取引は，金利スワップと通貨スワップに分けられる。金利スワップの場合，通常は元本の交換が行なわれないため，その市場規模については想定元本という概念が用いられる。

金利スワップでは，主に固定金利と変動金利が交換される。例えば，資金の調達は変動金利で行ない運用を固定金利で行なっている A 銀行と，資金の調達は固定金利で行ない運用を変動金利で行なっている B 銀行があるとする（図3-4）。金利が上昇した場合には A 銀行が，金利が低下した場合には B 銀行が，それぞれ逆鞘による損失を被る可能性がある。A 銀行と B 銀行はともに金利変動リスクをヘッジするため，お互いの調達金利をスワップする契約を結ぶ。A 銀行の変動金利を B 銀行が支払い，B 銀行の固定金利を A 銀行が支払うことになるため，A 銀行は調達と運用の両方の金利を固定金利にすることができ，B 銀行は調達と運用の両方の金利を変動金利にすることができる。

通貨スワップでは，異なる通貨間における将来のキャッシュフロー（元本と利子）が交換される。例えば，資金の調達は円建で行ない運用をドル建で行なっている輸出企業 C と，資金の調達はドル建で行ない運用を円建で行なっている総合商社 D があるとする。円高（ドル安）になった場合，輸出企業 C の円ベースでの売り上げは減少し，収益が減少する。円安（ドル高）になった場合，総合商社 D の円ベースでの利払い費が増加し，収益が減少する。輸出企業 C と総合商社 D はともに為替変動リスクをヘッジするため，お互いの通貨建をスワップする契約を結ぶ。輸出企業 C の円建負債を総合商社 D が返済

図3-4 金利スワップの取引例

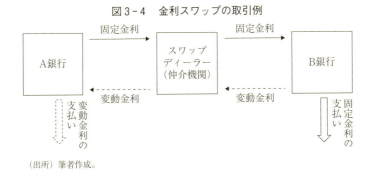

(出所) 筆者作成。

し、総合商社Dのドル建負債を輸出企業Cが返済することになるため、輸出企業Cは資産と負債の両方をドル建にすることができ、総合商社Dは資産と負債の両方を円建にすることができる。

信用デリバティブとは、信用リスクを売買する取引のことである。先物取引やオプション取引など他のデリバティブが市場リスク(価格変動リスク)を売買するのに対し、信用デリバティブは信用リスクを売買する。信用という言葉がクレジットと訳されることから、クレジットデリバティブとも呼ばれる。信用デリバティブにはいくつかの種類があり、その1つがCDS(クレジット・デフォルト・スワップ)である。CDSとは、国債や社債など債券のデフォルトリスクを相手方に保証してもらう保険商品のことである。例えば、投資家AがB国の国債を保有しているとする。B国がデフォルトを起こし、B国の国債の元利払いが滞る事態が発生した場合、投資家Aには損失が発生してしまう。そのような損失の発生を回避するために、投資家Aは第三者である保険会社CからデフォルトのC際に元利払いを保証してもらうことを目的にCDSを購入する。保険会社Cによる信用保証はプロテクションと呼ばれ、投資家Aは保険会社Cに対して保証料(プレミアムという)を支払う。B国の国債のデフォルトリスクが高まるほどCDSの保証料は高くなるため、CDSの保証料は国債や社債など債券のリスクを表す指標としての機能を果たしている。

② 国際金融・資本市場と諸ファンド・機関投資家

機関投資家と
ヘッジファンド

現代の国際金融・資本市場においては，機関投資家の
プレゼンスが非常に大きい。機関投資家とは，家計の
ような，証券投資技術に十分ではない投資家から資金を集め，専門的投資技術
を使用し，もっぱら投資収益のみを目的に金融資産等の運用を代行する運用専
門機関のことである。広義においては，保険会社，年金基金，投資信託，
SWF（政府系ファンド）などが機関投資家に含まれる。

　機関投資家と並び，現代の国際金融・資本市場においてプレゼンスの大きさ
が目立つのがヘッジファンドである。機関投資家とヘッジファンドは異なる。
ヘッジファンドに厳密な定義は存在しないが，信託銀行との違いは明確であ
る。顧客から集めた資金を運用することが主な業務であるという点ではヘッジ
ファンドと信託銀行は同じであるが，ヘッジファンドは自己資本が少なく，形
式上は小規模となっている点にその違いがある。自己資本こそ少ないものの，
銀行借入やレポ取引によりヘッジファンドは巨額化する。ヘッジファンドの出
資者としては，富裕層や大企業，年金基金や投資信託などの機関投資家が挙げ
られる。ヘッジファンドの特質は，私募形式で大量の資金を集めていることの
他，レバレッジ（銀行借入）が高いこと，パフォーマンス報酬（運用成績次第でファ
ンドマネージャーの給与が変動する）であること，パートナーシップ（法人ではない）
形態であること，などである。

　空売りを積極的に利用していることもヘッジファンドの特質である。債券を
例にすると，空売りとは，債券を保有していないにもかかわらず，債券を売却
することである。ある債券の価格が下落するとみているヘッジファンドがある
として，債券を債券レンディング（借りること）取引などにより調達し，その
時点の市場価格（例えば100円）で債券を空売りし，実際にその債券の価格が下
落した時点（例えば95円）で買い戻すことで，差額である５円のキャピタルゲ
インを得ることができる。

　ヘッジファンドの運用手法の特徴は，銀行借入によりレバレッジをかけたハ
イリスク・ハイリターンの短期取引である。そのような取引手法をとる場合，

相場が好調である時には少ない元手で大きな収益をあげることができるが，相場が急落した場合には逆に借入（レバレッジ）依存が仇となり，多大な損失を被る可能性がある。2015年には，FRBの利上げの影響で世界のヘッジファンドは損失を抱えたと言われる。良い意味でも悪い意味でも国際金融市場や各国経済に多大な影響を及ぼしうることから，ヘッジファンドの投資動向は常に注目される。世界金融危機以降，ヘッジファンドに対する規制は強化される方向へと進んでいる。

政府系ファンド

政府系ファンドとは，公的年金基金や外貨準備，資源収入など政府関連会計の基金を指すとされるが，ヘッジファンドと同様，厳密な定義があるわけではない。したがって，政府系ファンドと呼ぶか否かは，その資金源や運用方針などを勘案しつつ，総合的に判断されているのが実状である。政府系ファンドは，ヘッジファンドと異なり，その資金を借り入れによって調達しているわけではないため，長期的な運用が基本とされる。UAE（アラブ首長国連邦）やサウジアラビアなど，中東の産油国のオイルマネーはよく知られた政府系ファンドであり，原油輸出代金の一部は特別会計に移され，リスク分散と収益増大の両立を目指して多種多様な資産に投資されている。原油輸出代金は原油価格に左右されるため，原油価格高騰時には国際金融市場においてオイルマネーの存在感はより一層増すことになる。近年は，多額の外貨準備をもつ中国の政府系ファンドに注目が集まっている。グローバル・インバランスと呼ばれる世界的な経常収支の不均衡や過去に発生した通貨危機の教訓を背景に，中国や新興国の外貨準備高が急増しており，国際金融市場においてそれら諸国の存在感が高くなっている。

　中国の中央銀行である中国人民銀行は，人民元とドルの為替レートを一定水準に維持するため，人民元売り・ドル買い（2015年以降，人民元買いもある）の為替介入を行なっている。その結果，中国の外貨準備は急増し，大部分はアメリカ財務省証券（以下，アメリカ国債）で運用されている。一方で，中国の外貨準備運用に占めるドルの割合の低下およびドル以外の割合の上昇により通貨構成が分散化・多様化していることや，金準備が増加していることなどが明らかにされている。欧州債務危機の発生と2011年のアメリカ国債格下げ以降，国際分散投資の観点から，中国の外貨準備のいくらかは日本の証券市場に流入して

いるものとみられる。そして，そのことが日本の証券市場における外国人投資家の割合の上昇につながっていることが指摘されている。

| 外国人投資家 の 国 債 保 有 | 現代においては，世界各国で大量の国債が発行され取引されている。国債の取引には国内外の銀行や機関投

資家，ヘッジファンドや政府系ファンドが深く関わっており，そのことが各国の国債保有構造における外国人投資家の割合に影響を与えている。2018年末時点の主要先進国の国債保有構造における外国人投資家の割合は，アメリカが35％（政府保有分を含むが，連邦政府職員退職基金等が保有する非市場性国債は含まない），イギリスが27％，ドイツが48％（地方債等を含む），フランスが53％（地方債等を含む）となっている。ユーロ導入国のなかのギリシャについては，危機前に国債保有構造における外国人投資家の割合が高いことがいわれ，今般の危機に際して特に逃げ足の速いヘッジファンドなどが急激に資金を引き揚げた結果，国債市場が危機的な混乱に陥ってしまったのではないかとの指摘がある。日本の国債保有構造における外国人投資家の割合は2018年12月末時点で12％（国庫短期証券を含む）であり，先に挙げた先進諸国のそれと比較してまだ低いが，漸次的に高まってはきている。今後もその上昇傾向は継続するものと考えられる。その理由として，①ヨーロッパなど諸外国の経済情勢の悪化を背景とした国際分散投資の増加，②為替スワップの利用に伴う上乗せ利益の存在により外国人投資家はマイナス金利の日本国債に投資してもプラスの利回りが得られること（→第❾章），などが挙げられる。

　日本銀行が公表している「国際収支統計」から，日本の国債市場における外国人投資家の地域別・国別の動向が把握できる。中長期債に関する分析を述べると，世界金融危機が発生するまで主にイギリス経由で日本の中長期債に投資していた外国人投資家は，危機後には一旦資金を引き揚げた。そして，欧州債務危機時にはリスク回避として再びイギリス経由で日本の中長期債に投資し始めた。欧米の金融市場が混乱した時期にアジアを起点とする対日債券投資が増加したことから，一時は日本の中長期債保有における外国人投資家がヨーロッパ中心からアジア中心へと変化しつつあるようにもみえた。2018年末時点においては，引き続きヨーロッパ中心となっているのが実状であるが，イギリスのEU離脱問題の動向次第では，ヨーロッパからの対日債券投資のうちイギリス

図3-5　日本の短期債における外国人投資家の主要地域別保有割合と
　　　　中国の保有残高（各年末）

(注)　①短期債とは，発行時の満期が1年以内の債券やコマーシャルペーパーなどの短期の金融市場商品を
　　　指す。②ヨーロッパについて，2009年末まではロシアを含まないが，2010年末以降はロシアを含む。
　　　③対内証券投資の地域別は，一部は最終投資家ではなく取引者の国籍別に分類されている。
(出所)　日本銀行「国際収支統計」（証券投資等（負債）残高地域別統計）から筆者作成。

以外を経由してくるものが増加することも考えられる。ヨーロッパの政治動向には今後も注目が必要であろう。

　アジアの中では，中国の台頭が注目される。中国による日本の中長期債保有残高と保有割合は，21世紀に入り急増している。外国人投資家による日本国債の取引の中心は短期債であるが，短期債保有残高と保有割合についても中国が非常に大きくなっている（図3-5参照）。中国による日本国債の保有が急増している主な理由は，多額にのぼる外貨準備の国際分散投資であると考えられる。日本国内には，中国が対日債券投資を急増させている背景に何らかの政治的意図があるのではないかという懸念の声もある。そのようなことに配慮してか，中国が対日債券投資を進める際には国際金融取引の中心地であるイギリスを経由させているとの指摘もある。いずれにせよ，中国の投資動向は日本の国債市場に対して多大な影響を及ぼす可能性がある。今後の中国の動向が引き続き注目されよう。

タックスヘイブン規制

　現代の国際金融市場では，大量の資金がタックスヘイブンを経由して動いている。最もシンプルな例は，

ヘッジファンドや多国籍企業などがタックスヘイブンにペーパーカンパニーを設立し，資金がそのペーパーカンパニーを経由して別の場所へと流れていくというものである。タックスヘイブンの厳密な定義は難しいが，一般的には所得税や法人税が無税もしくは税率が非常に低い国や地域のことを指す。併せて，規制がないかもしくは非常に緩く，企業・個人情報が厳格に秘匿されているという特徴をもつ。情報の秘匿が厳格であるため，タックスヘイブンの実情を明らかにすることは非常に難しい。2016年に話題となった「パナマ文書」の流出で，どの程度までタックスヘイブンの実態が明らかとなるのかに注目が集まっている。タックスヘイブンは地球上に広く分布しており，特にカリブ海周辺の島々に多くみられる。バハマ・ケイマン諸島やパナマなどがタックスヘイブンの代表的な国および地域であるが，先進国の中にも一部の地域がタックスヘイブンとなっていたり，国全体がタックスヘイブンとなっていることもある。複雑な多重構造となっているのがタックスヘイブンの実状である。

　タックスヘイブンが抱える問題としては，世界金融危機の要因の１つとなったヘッジファンドの設立拠点になっていることの他にも，テロ資金を含むマネーロンダリング（資金洗浄）の温床となっていることや，先進諸国において多額の税収が失われていること，などが挙げられる。多国籍企業が租税対策の一環としてタックスヘイブンを利用する理由の１つに，物言う株主（アクティビスト）の存在がある。株主価値（企業価値）を最大化するため，株主は企業に対してコスト削減による利益の最大化を求める。租税をコストとみなせば，それを削減することで株主への配当を増加させたり，再投資によってさらに企業価値を高めたりすることができる。ただし，この点に関しては，節税防止対策の強化により以前ほどの勢いはなくなったとされる。

　OECDとG20に加盟する国々でタックスヘイブンを利用した多国籍企業の節税防止策が導入される方向に進んでいる一方で，タックスヘイブンへの規制強化に反対の声もある。①地理的に離れてはいるものの自国の主権が及ぶ地域や旧宗主国がタックスヘイブンである場合，②イギリスのロンドンやアメリカのデラウェア州のように自国内にタックスヘイブンが存在する場合，③リヒテンシュタインのように国全体がタックスヘイブンである場合，などにおいては国益の観点からタックスヘイブンに対する規制強化には反対の立場をとるもの

と考えられる。主権国家間における事情の違いという問題をどのように解決していくべきかが引き続き問われている。

【参考文献】

①上川孝夫・藤田誠一編（2012）『現代国際金融論〔第4版〕』有斐閣ブックス：世界金融危機や欧州債務危機といった情勢の変化に伴う最新の動向を取り入れ，国際金融の理論・制度・歴史・現状についてバランスよく学べるテキストである。

②二上季代司・代田純編（2011）『証券市場論』有斐閣ブックス：第9章にデリバティブに関する詳しい説明があり，具体的な数値例で理解できるようになっている。

③勝悦子（2011）『新しい国際金融論』有斐閣：国際金融の理論に歴史と現実を組み入れ，大きく変貌した世界経済を金融グローバル化の観点から学べるテキストである。

④代田純編著（2010）『金融危機と証券市場の再生』同文舘出版：第1章にヘッジファンドと政府系ファンドについての説明，第2章にヘッジファンドと政府系ファンドを含む外国人投資家の日本の証券市場における売買動向についての分析がある。

⑤奥田宏司（1988）『多国籍銀行とユーロカレンシー市場』同文舘：ユーロカレンシー市場に関しての詳細な分析がなされている学術書である。特に，第3章ではインターバンク市場も含めたユーロカレンシー市場の基本的性格についての説明がある。

［勝田　佳裕］

第4章 ドル体制の変遷と現状

　1971年の金ドル交換停止によってIMF固定相場制は崩壊したが，今日までドルは依然として基軸通貨として機能し，ドルを中心とする国際通貨体制が続いている。世界の主要な債権・債務関係＝国際的信用連鎖もそのドルで形成されている。そこでドル体制とはどのような体制なのか，その変遷を考察していこう。

1　ドル体制と国際信用連鎖

ドル体制とは，
IMF体制との異同

　ドル体制という用語はよく使われるが，どのような体制なのであろうか。「ドル本位制」という用語も使われる。「本位」という概念は，元来，通貨の価値標準を何に置くのかということ，銀か金か，金に置いていたのが「金本位制」である。現在，ドルの価値は日々大きく変動しており，現在はそのような意味で「本位」は存在しない。したがって，「ドル本位制」という言い方は不正確である。

　ドルが中心となった国際通貨制度という意味で「ドル本位制」という用語を使ったとしても，ドルが中心となった国際通貨制度とはどのような通貨制度なのかについて説明が必要である。それは第2章でみたようにドルが国際通貨の諸機能（とくに為替媒介通貨機能，基準通貨機能，準備通貨機能等）を併せもち，つまり，ドルが基軸通貨となって機能している国際通貨制度である。しかも，そのドルでもって国際間の債権債務関係＝国際信用連鎖が形成されている。それゆえ，ドル体制とは，ドルが金と交換されない通貨でありながら基軸通貨として機能し，その国際通貨制度を土台にドルの国際信用連鎖が形成する国際金融の構造的体系のことをいうのである。また，1970年代以降のG8（7）などの「国際金融協力」とともに，IMF，世界銀行等の国際機関もドル体制を維持すべく機能し，ドル体制の維持にとって不可欠の機関となっていった。ドル体制とは，そのように国際諸機関とその役割をも包含した体制なのである。

なお，ドルが中心となった国際通貨制度というのであればIMF体制もそうであった。IMF体制とドル体制の異同は以下のようである。① IMF体制下では米財務省は外国通貨当局の保有ドルを金と交換（金１オンス＝35ドルで）し，対外決済の一部が金によってなされたがドル体制下ではなくなった。②ドルの金交換をベースに各国通貨はドルに対して固定相場制が維持されたが，金ドル交換停止後は変動相場制に移行していった。③ IMF体制下においてもドルは銀行間・外為市場で為替媒介通貨であった。④1960年代アメリカ経常収支は黒字であり，その黒字でもって対外投資が行われドルの国際信用連鎖が構築されていたが，70年代以降黒字はなくなりアメリカの対外投資はドル準備や諸外国の対米投資を原資としドル信用連鎖が形成されている。⑤ IMF設立に際して原則とされた「自由，多角，無差別」はドル体制下で途上国まで徹底されていった。

ドル信用連鎖と
対米ファイナンス

ドルの金交換は1971年に停止され，それ以降ドル体制が構築されていく。そこで，以下の３点が示されなければならない。第１に，ドル体制下での基軸通貨ドルとはどのような通貨であるか，第２に，ドルの国際信用連鎖がどのように形成されているかということ，第３に，それと関連して米経常収支赤字がどのようにファイナンスされ続けられているかである。ファイナンスされることでドル体制は維持される。第１については，すでに第**2**章で論じられている。

　第２，第３について。米国際収支状況（年平均額）を時期に区分してあげておこう（表4-1）。時期区分については以下のようである。(1)IMF体制下の1960～70年。この時期，経常収支は黒字でアメリカのネットの対外投資はこの黒字と各国の為替介入＝ドル準備によって賄われている。(2)金交換停止の1971～82年。米経常収支はほぼ均衡（年平均４億ドルの黒字）しており，他方，民間投資収支赤字（表4-1の②と④の差額，ネットでの投資超過）は年平均200億ドル弱にのぼり，アメリカのネットでの対外投資は先進各国の為替市場介入によるドル準備保有（年平均額150億ドル弱）を主に原資としていた（オイルダラーの発生とその還流とともに1970年代のドル国際信用連鎖の形成）。

　(3)大きな経常赤字を記録する1983～90年（1991年は湾岸戦争での移転収支黒字により経常赤字がなくなる「特異」な年）。アメリカの経常赤字は巨額にのぼり（1982

表4-1 アメリカ国際収支の各項目の年平均額

(単位：億ドル)

	経常収支 ①	民間対米 投資[1])②	在米外国 公的資産[4])③	米の民間 対外投資[2])④	統計上の 不一致⑤
(1) 1960～70	32	36	14	− 78	6
(2) 1971～82	4	344	145	− 540	108
(3) 1983～90[3])	− 1,073	1,574	214	− 835	173
(4) 1992～97	− 1,062	3,385	679	− 2,841	− 153
(5) 1998～2007	− 5,223	9,498	2,154	− 6,732	294
(6) 2008～09[5])	− 5,315	− 1,442	5,175	1,244	478
(7) 2010～13	− 4,317	6,045	3,324	− 4,962	− 147
(8) 2014～17	− 4,433	9,341	− 138	− 6,310	1,387
(9) 2018	− 4,910	7,122	234	− 3,108	423

(注) 1) (+) はアメリカの債務。
2) (−) はアメリカの債権。
3) 1991年は特異な年。経常収支黒字が29億ドル(湾岸戦争による経常移転収支の黒字などによる)。
4) ドル準備。
5) 2008年の米政府の外貨準備以外の外貨保有はスワップ協定により5296億ドルになり，09年はその返却が5413億ドルになった（これらはこの表には示していない）。
(出所) *Survey of Current Business* (1) June 1980, (2) June 1990, (3)～(5) July 2009, (6) July 2013, (7) July 2013, April 2014, (8) July 2015, July 2016, April 2017, July 2019, (9) July 2019）．

年には55億ドルであったのが83年には400億ドル弱に，87年には1600億ドルを超える），その赤字は日本，西欧諸国などの経常収支黒字国による種々のアメリカへの投資によって主にファイナンスされ，ドル下落に伴う当局のドル買いの為替市場介入＝ドル準備によって残りがファイナンスされなければならなくなった。
(4)1992年から経常赤字が再び現われるが，赤字が1980年代のそれを少し下回る時期，1997年まで。1987年の赤字1606億ドルに対して，97年は1400億ドル。1998年に2150億ドル，99年に3000億ドルを突破するから1998，99年は(5)の時期に入れよう。(4)の時期には対米投資が経常赤字を大きく上回り，それが米の対外投資を大きな額にしている。なお，対米投資の中にはアメリカのドル建対外投資を原資とするもの（海外諸国がアメリカの金融機関等からドル資金を借り入れ，それを原資に行う対米投資。対外投資と対米投資の双方で，この部分は収支が均衡）も含められている。このような投資が1983～90年よりも増大している。

(5)1998～2007年のリーマンショックまでの時期，(6)2008～09年のリーマンショック時，(7)リーマンショック後の2010～13年，(8)2014～17年のオイルダラーの消滅，中国のドル準備の急減期，(9)2018年である。(5)以降の時期につ

いての説明はのちにしよう。

　さて，1997年までの米国際収支，経常赤字のファイナンスは以上のようであるが，重要なことに経常黒字国の黒字額は金交換の停止のもとでは何らかの信用形態での対外資産とならざるをない。ドル金融市場（米国内市場，ユーロダラー市場）が突出した規模と多様性をもち，ドルでの投資，資産の保有が便利で有利となる。他の通貨での運用は市場規模が相対的に小さくリスク，コスト等が大きく，ドル以外の通貨での投資は相対的に少なくなる。それゆえ，経常黒字国の投資は多くがドル建投資となり，結果的に米経常赤字のファイナンスが進んでいく。さらに，アメリカのドル建・対外投資には「代わり金」が形成され，投資収支は均衡するからアメリカのドル建対外投資も伸びていく。アメリカは債務国でありながらドルでの国際信用連鎖が進んでいく。また，貿易決済，短期資本取引には，先物為替，為替スワップがより多く利用されることにより，「金利平価」が成立・展開していき，為替損はほとんど生まれず（為替スワップ取引額が外為取引で最大規模に），ドルを中心とした短資移動と短期諸金利体系が成立していった（→第2章参照）。以上がドル体制下の長短のドル信用連鎖の状況である。

| 「債務決済」とユーロ・円等をドルに換えてのファイナンス |

米経常赤字のファイナンスがあってドル体制は維持されるものであるから，米経常赤字のファイナンスのなされ方，経緯をもう少し詳しくみよう。ここでは，ドル建経常黒字保有国と非ドル通貨で黒字を保有している諸国に分けて論じよう。

　ドル建経常黒字国の銀行の資産側にはとりあえず一覧払ドル残高が形成されるが（→第2章の逆為替の項を参照），そのドル残高が各種の対米投資に転化していく。ドル建黒字保有国がその黒字をドル以外の通貨に転換するには運用力に制約があり（産油国は運用の多くをオフショア市場の金融機関を通じて），為替リスクが伴うから黒字の大半はドル建投資になっていく。このドル建経常黒字保有国のドル建投資は，アメリカにとっては海外から投資を受けること（＝債務の形成）で経常赤字の「決済」になる（「債務決済」）。ドル建経常黒字を保有しているのは，自国通貨での貿易をほとんど行っていない多くの途上国，産油国で，中国も2009年以降に一部人民元決済を始めるが（→第8章参照），貿易の大

表4-2 日本の貿易における通貨比率

(%)

	1987	1995	2013上	2017下
輸出額[1]	2,246	4,026	3,396	4,050
円	33.4	37.6	35.6	35.9
ドル	55.2	51.5	53.7	51.2
輸入額[1]	1,282	2,792	3,380	3,860
円	10.6	24.3	20.6	24.2
ドル	81.7	68.9	74.5	68.9

(注) 1) 単位は1987年は億ドル，その他は100億円。1987，95年は国際収支表より。
(出所) 通産省「輸出確認統計」「輸入報告統計」「輸出入決済通貨建動向」，財務省「貿易取引通貨別比率」より。

表4-3 ユーロ地域の域外貿易におけるユーロ建の比率

(%)

	2007	2011	2017
輸出	64.1	69.9	57.1
輸入	45.0	52.2	45.4

(出所) ECB, *The international role of the euro*, 各号より。

部分はドル建であり，多額のドル建貿易黒字をもっている。

ところが，日本，西欧諸国はドル建貿易黒字をもっていない。これらの国の貿易の通貨建比率からそれが分かる。日本の輸出ではドル建が50％強，円建が35％強，輸入ではドル建が70％前後，円建が20％強であり（**表4-2**），ユーロ地域の域外への輸出ではユーロ建が70〜60％弱，輸入ではユーロ建が50％前後である（**表4-3**）。したがって，日本，ユーロ各国は円，ユーロで貿易黒字をもっており，ドルでは若干の赤字になっている。これらの比率と輸出入額を掛けあわせると算出できる。これらの国の対米投資はユーロ，円などをドルに換えての投資となり，「債務決済」とはならない。これらの先進諸国（西欧，日本）の対外投資は，一般的には，(ア)それらの国の非ドル通貨をドルに換えての投資，(イ)自国通貨建投資，(ウ)アメリカを除く先進各国間の非ドル建投資となる。西欧諸国の場合，(イ)(ウ)の西欧諸国間の投資がEU統合の進展により進行し，それが1990年代にマルクの基軸通貨化の進展を促し，このことがユーロ通貨統合の素地を形成していった。(ア)の対米ドル建投資は一部にとどまった。

日本は対米ドル建貿易黒字のほとんどを産油国，オーストラリア等の資源諸国へ支払ってしまい，ドル建では少しの赤字で貿易黒字のほとんどは円建である。日本の対外投資のほとんどは円建貿易黒字をドル，次いでユーロに換えての対外投資であり，ネットでの円建投資はほとんど伸びていない。日本の貿易相手諸国のうち，アジア諸国，オーストラリア等はドル建貿易黒字と円建赤字をもっており，それらの国はドル建黒字を円に転換して円建赤字を決済し，日本からの円投資をほとんど受けないのである。その結果，日本の円建・経常黒

字は円建投資とならず円をドル等の外貨に換えての投資なっていく。しかし，円をドル等に換えての投資は円高時には為替リスクのゆえに民間長期投資は伸びず，さらなる円高となって当局の為替介入＝ドル準備増となっていく。

　以上がドル体制下における世界の通貨別貿易決済と対外投資のパターンであり，ドル建・国際マネーフローの基本を規定する。1880年代は主に日本，次いで西ドイツが，1990年代には西欧諸国，日本に加えて産油国，一部の途上国などがアメリカの経常赤字をファイナンスしてきた。今世紀の初めから2013年までは産油国と中国等が，2014〜17年にはユーロ地域と日本が主に対米ファイナンスを行なってきた。今世紀のファイナンスについては次節で詳しくみよう。

② 今世紀のドル体制

| リーマンショック
| 前のドル体制 |　2000年代に入っていくと米経常赤字は5000億ドルを超えていく。リーマンショック前後の米国際収支構造は大きく３つの時期に区分できよう（表4-1）。リーマンショック前の時期（1998〜2007年），リーマンショック時（2008〜09年），それ以後（2010〜13年）である（2014年の後半期から，また大きく構造が変わる）。

　リーマンショック前の時期（1998〜2007年）の諸特徴は，㋐経常赤字が年平均5200億ドル強とそれ以前には考えられないような規模に達した（2006年には約8000億ドル）。そのファイナンスはオイルマネーと中国等のドル準備が主要には担っているが，後者の比重が高くなってくる。㋑原油価格が2004年には１バーレル当たり40ドルを下回っていたのが，08年には最高値の134ドルをつけ（図4-1），膨大な額のオイルダラーの流入があった。オイルダラーはイギリス，バハマ・ケイマンなどのオフショア市場を経由して種々の形態での対米投資となってアメリカへ還流してくる。しかし，他方で非産油国はより多くの原油代金の支払を行なうから対米投資が減少する。つまり，オイルダラーの還流には非産油国のドル資産の減少が伴い，その分，民間投資収支の黒字（アメリカへのネット資金流入，表4-1の②と④の差）はオイルダラーほどには増大していかない。

　㋒中国等の経常黒字の急増大を反映して「在米外国公的資産」（＝ドル準備）

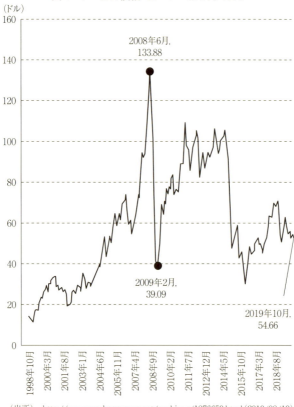

図4-1　WTI価格（1バレルあたり，月次）

（出所）http://www.garbagenews.net/archives/1876659.html（2019/08/19）

が年平均2100億ドル強とかつてない規模になり，米経常赤字のファイナンスに民間投資収支黒字（この時期の年平均額は2700億ドル強）とともに重要な役割を果たす。中国は対内外投資に強い規制を課し（対内直接投資はほぼ認可），投資収支は多くの年において資金流入となり（表1-7），経常黒字とあいまってドル準備に結実していった。(エ)この時期の大規模な民間の対米投資の原資は多くがアメリカからのドル資金調達（＝アメリカの対外投資）となっている。西欧諸国などの金融機関が米金融機関から多額のドル資金を調達し，その資金でもってサブプライムローンなどの米金融諸商品に投資しているのである（この部分の米民間投資収支は均衡）。

第4章　ドル体制の変遷と現状　　69

**リーマンショック
と　ド　ル　体　制**
ところが，2008年のリーマンショックによって，アメリカの国際収支は異常な構造をもつことになる。2008年，09年ともに対米投資が赤字（アメリカからの引揚げ）となり，08年にはアメリカの民間対外投資も黒字（引揚げ）となっている。さらに，2006年までは極めて小さな数値しか記録されてこなかった「公的準備資産以外の米政府債権」（**表4−1**の注5に記す）が08年に5296億ドルの赤字，09年には5413億ドルの黒字になっている。これらは以下の事情によるものである。

　リーマンショック前に西欧などの金融機関が米金融機関からドルを調達し，それを，サブプライムローンを含む種々の金融商品への投資にあてていたところ，リーマンショックによって大きな損失をだし米金融機関へのドル返済ができなくなった（ドル信用連鎖の「破綻」）。それゆえ，アメリカを起源の危機にもかかわらずドル相場は大きく下落せず，「ドル不足」が生まれユーロが逆に下落する事態となった。ドル資金の調達困難に陥った西欧などの金融機関を救済するためにアメリカの中央銀行（FRB）と先進諸国の中央銀行との間でスワップ協定が締結され（FRBからドル資金の供給），西欧などの中央銀行は国内の金融機関にドルを供給し，信用連鎖の「破綻」を救済した。このスワップ協定の実施が2008年の「公的準備資産以外の米政府債権」の赤字であり，その返済が09年の黒字になっているのである。

**リーマンショック
後　の　ド　ル　体　制**
リーマンショック後の2010〜13年には，金額がやや減少しながら1998〜2007年の諸特徴が基本的に復活している。㋐経常赤字の年平均額はリーマンショックを受けて4300億ドルと少し減少しているが，1997年までと比べてはるかに大きな金額になっている。㋑原油価格はリーマンショック時に急落したあと，直後から再び上昇し2014年の中ごろまで高止まり状態で，依然としてオイルダラーがアメリカに還流してきている。しかし，2007年までと比べリーマンショック以後先進諸国の石油消費量が少し減少してきており，オイルダラーが減少傾向にあることも事実である。民間投資収支での資金流入が2002〜07年には年平均額が2700億ドル以上あったのが，2010〜13年は1100億ドル近くに減少している。その大部分がオイルダラーである。㋒リーマンショックにより米のドル建対外投資とそれを原資とする対米投資が減少している。前者は年平均で5000億ドルに（1998〜2007年には6700億

ドル）。(エ)中国等における経常黒字と投資収支の資金流入が膨大なドル準備を形成し，3300億ドルを超える「在米外国公的資産」（ドル準備）を記録している。

対米ファイナンス
における日本と中国

さて，日本と中国による対米ファイナンスにおける差異をみておこう。中国は，アメリカだけでなく全世界に対して巨額のドル建・経常黒字を記録するに加えて，厳しい内外投資規制のゆえに多くの年において投資収支（外貨準備を除く金融収支）においても資金流入となってきた（表1-7）。以上の国際収支状況により人民元高が生じるから，中国当局による人民元売り・ドル買いの為替市場介入は日常的で大規模なものになりドル準備が急増していく。対米ファイナンスはただちに進み，「完全」なものになっていく。アメリカの経常赤字が増大していっても中国当局による為替介入によりアメリカへの資金流入があるから，米金利は上昇せず，生産と消費が持続し，他方，介入相場は中国当局の意図によって決まり（相対的な人民元安に誘導），人民元売りによって中国国内ではマネタリー・ベース，マネーストックが増加していき，中国の景気過熱も持続しがちとなる。グローバルなインバランスがアメリカと中国の相互に拡大していった。

それに対して，日本の場合，経常黒字が円建で存在しドルに転換されて対米投資になる。また，対米ファイナンス資金の大半は民間資金であり円高傾向になってきたときには為替リスクが生まれるから，対米投資は減退気味になり，さらなる円高となって当局の為替市場介入が行なわれた。したがって，為替介入は断続的でアメリカへの日本からの資金流出も断続的となる。アメリカの金利は上昇気味となる。このように1980年代，90年代における日本のファイナンスと今世紀に入っての中国のファイナンスの差異に注意しておく必要がある。

2014年後半期以降
の対米ファイナンス

2014年後半から米国際収支構造は大きく変化する。1つは原油価格の急落（図4-1）によるものでオイルダラーの還流額が大きく減少する。もう1つは2015年から中国の経済減速に伴うドル準備の減少である（表1-7）。

原油価格の急落をもたらしたものは，アメリカのシェールオイルの開発，生産量の拡大である。シェールオイルの開発によりアメリカの「石油関連貿易収支」の四半期ごとの赤字は2011年に800億ドルを上回っていたが，16年以後四半期ごとの赤字は200億ドルを下回るようになってきた。シェールオイルの産

出量の増大が世界的な原油過剰状態をつくり出し，それに中国の経済減速が加わり原油需給関係が変化していったのである。しかし，この需給関係の変化だけで2014年後半以降の原油価格急落を説明することはむずかしいであろう。シェールオイルの開発，生産量，中国などの経済状況に世界の投資家が大きく反応し，原油市場から国際過剰資金が引き揚げられたことが下落幅を大きくした。

　原油価格の急落によりサウジアラビアの国際収支状況は急速に悪化していった。2012年に経常黒字は1600億ドルを超え，外貨準備が1160億ドルとなっていたのが，15年に経常収支が560億ドル強の赤字に，外貨準備は1150億ドルの流出となっている。オイルダラーが消滅したばかりでなくドル準備が減少しているのである（オフショア市場の対米資産の減少）。

　また，中国の2015年における株価の下落，対中投資の減少・引き揚げ，人民元の下落などによって中国の外貨準備が大きく減少していった（表1-7）。2013年に中国の投資収支は3400億ドルの流入であったのが，15年に4300億ドル弱の流出，16年に4100億ドル強の流出になり，それに「誤差脱漏」における資金流出が15年，16年には2000億ドル強にのぼっている。外貨準備は2013年に4300億ドル強であったのが，15年に3400億ドルの減少，16年に4400億ドルの減少となっている。

　今世紀に入って対米ファイナンスを主に担ってきた産油国，中国はその役割を果たさなくなる。代わってファイナンスするのは，ユーロ地域，次いで日本などの先進諸国である（日本の貿易・サービス収支は赤字あるいは少額の黒字になり，対米投資の原資は第1次所得収支となるが，投資の大部分は「収益再投資」である）。アメリカの地域別国際収支（表4-4）によると，アメリカのユーロ地域に対する債務が2015〜17年にかけて大きな値を示し，債権・債務のネット額も15年に2500億ドル，16年に3900億ドル，17年に2600億ドルにのぼっている。次いで2016，18年に対日債務が大きくなっている。韓国も2015年から一貫してネット額は300億ドルから400億ドルの水準に達している。オイルダラーが消滅して，イギリス，「その他の他西半球」（バハマ・ケイマンなど）のネットの額は極めて小さくなっている。

　ところが，2018年にはユーロ地域の債権・債務のネットでは取るに足らない

（単位：億ドル3)）

表4-4 アメリカの地域別国際収支1)

ユーロ地域

	15	16	17	18
米の債権	937	1,302	1,785	2,997
米の債務	3,411	5,197	4,382	3,036
ネット額	-2,474	-3,895	-2,597	-39
経常収支	-284	-264	-239	-467

イギリス

	15	16	17	18
米の債権	-634	871	3,887	860
米の債務	-504	476	3,790	733
ネット額	-130	395	97	127
経常収支	478	465	533	657

その他西半球2)

	15	16	17	18
米の債権	-132	-669	37	191
米の債務	113	-790	10	-1,137
ネット額	-245	121	27	1,328
経常収支	859	767	994	1,045

アジア・パシフィック地域3)

	15	16	17	18
米の債権	1,251	1,047	2,193	-1,418
米の債務	442	837	3,061	1,974
ネット額	809	210	-868	-3,392
経常収支	-5,134	-4,882	-5,039	-5,425

中国

	15	16	17	18
米の債権	-304	60	139	425
米の債務	-2,112	-2,537	1,223	-333
ネット額	1,808	2,597	-1,084	758
経常収支	-3,621	-3,323	-3,581	-4,042

日本

	15	16	17	18
米の債権	1,134	718	790	-711
米の債務	686	1,830	594	995
ネット額	448	-1,112	196	-1,706
経常収支	-798	-766	-784	-801

オーストラリア

	15	16	17	18
米の債権	118	69	261	-19
米の債務	-71	127	-73	424
ネット額	189	-58	334	-443
経常収支	382	378	390	395

韓国

	15	16	17	18
米の債権	7	-83	67	104
米の債務	326	393	353	562
ネット額	-319	-476	-286	-458
経常収支	-202	-190	-121	-96

台湾

	15	16	17	18
米の債権	96	7	104	-24
米の債務	622	552	321	324
ネット額	-526	-545	-220	-348
経常収支	-222	-213	-274	-263

中東

	15	16	17	18
米の債権	14	143	204	178
米の債務	-244	-211	372	1,033
ネット額	258	354	-168	-855
経常収支	74	61	-30	-131

（注） 1) デリバティブを除く。
2) バハマ・ケイマン諸島を含む。
3) 中国，日本，オーストラリア，韓国，台湾を含む。
（出所） S. C. B, July 2017 (15, 16年) , July 2019 (17, 18年)。

額になっている（39億ドル）。ファイナンスの中心は中国を除くアジア・パシフィック地域（日本，韓国，台湾，オーストラリアなど）と中東になっている。2017年から2018年にかけて原油価格の70ドル近くまでの上昇がみられ，オイルダラーが直接アメリカへ還流しているのである。

　ところで，アメリカは2019年8月，中国を「為替操作国」に認定した。それは，中国の「一帯一路」構想と実は関連している。中国は多額の為替市場介入によるドル準備を使って対米ファイナンスの役割を担ってきたのであるが，中国はそのドル準備を「一帯一路」構想のために使い始めたのである。2018年の中国の経常黒字は491億ドル，外貨準備を除く金融収支はネットで1306億ドルの資金流入であるが，外貨準備はわずか189億ドルである。2018年になっても当局の大規模な為替介入は続いているから，介入によるドル資金は外貨準備にならず，「一帯一路」に使われたものと考えられる（誤差脱漏が2015年以後増大）。そのようなことが明確になってきた時点でアメリカは「為替操作国」との認定を行なったのである。

3　2つの論点

ドル体制は国際
公共財ではない，
「非対称的性格」

以上のように，アメリカへのファイナンスを担う国は時期によって変わるのであるが，以下のように言うことができよう。世界の貿易の過半を超える部分がドル建で行なわれ，非ドル通貨で貿易黒字をもつ諸国（ユーロ地域，日本等）でさえ非ドル通貨をドルに換えてドル建対外投資を行なっている現状では，経常黒字をもつ諸国がその黒字額の変化とあいまってファイナンスの比重の度合いを変えながら，かわるがわる対米ファイナンスを行なわざるを得ないのである。金交換が停止している下では，経常黒字国はその黒字額を対外資産として保有せざるを得なく，その大部分がドル建資産となるのである。

　とはいえ，対米ファイナンスは自動的に進むのではない。ファイナンスの資金は民間資金の場合もあるし為替市場介入による外貨準備の場合もある。民間資金では直接投資，証券投資，貸付など多様であるし，ごく短期の資金の場合もある。民間資金によるファイナンスが進行しない場合は，為替相場，金利等

が大きく変動し，為替市場介入が余儀なくされ，ドル準備がファイナンスする。したがって，ファイナンス過程において危機的様相を帯びることもあること，結果的・事後的にファイナンスが進むことを忘れてはならない。

　次のことも重要である。アメリカの経常赤字は大きな額であり，それがずっと対外債務でファイナンスされてきたが緊縮政策はほとんど強要されてこなかった。ドル体制は明らかにアメリカにとって有利である。「国民経済計算」によると，貿易・サービス収支が均衡しているということは，その国のGDPに相当する額が国内の家計消費・企業投資・政府支出になっているということであり，貿易・サービス収支が大きな赤字であるということは，国内の消費・投資・支出がその国のGDPを大きく上回っているということ，その赤字が巨大化することはGDPと国内の消費・投資・支出との乖離が大きいということであり，それはバブル的事態である。バブル的事態に信用膨張がつながり，それが崩壊すればアメリカにおいて経済危機が発生し，世界的金融危機になりうる。リーマンショックはその一例であろう（2006〜07年の経常赤字は7000〜8000億ドル）。アメリカの貿易・サービス収支赤字が大きく，しかも40年近く続いており，それがいろいろなパターンを取りながらもファイナンスされてきたということは，アメリカのGDPを上回る消費・投資・支出を日本，西欧，中国，産油国等がずっと支えてきたということである。

　一方，ドル体制下においてアメリカ以外の諸国の経常赤字の継続には強い緊縮政策が伴う。途上国などは自国通貨での貿易が不可能で，経常赤字はほぼ全額がドル建（東欧諸国ではユーロ建）であるから，アメリカのように「債務決済」ができずドルで支払わなければならない。経常黒字をもつようになるか，ドルで借入れを行なうか，ドル準備で支払うかをせまられる。赤字が継続して借入ができず外貨準備が枯渇すれば通貨危機に陥るだろう（1980年代の途上国債務危機，90年代のアジア通貨危機など）。その場合，IMF・世界銀行などからの融資となりコンディショナリティが付随するから，途上国に対する財政・金融等の緊縮政策，自由化政策の強要となる。IMF・世界銀行がドル信用連鎖の崩壊を阻止し，ドル体制を支える機関になっているのである。IMF・世銀等の緊縮政策は，途上国等の国内消費が当該国のGDPを下回ることを迫ることであり，アメリカの経常赤字がファイナンスされる場合とは逆の事態である。ドル体制が

「非対称」的性格を有しており，ドル体制下ではアメリカと各国は平等ではないのである。

| ドル体制の後退 |
| はありうるか |

世界のドル建貿易の大きさがドルの為替媒介通貨機能を支え，また，大きな規模のドル金融市場（国内市場，ユーロダラー市場）がドルの運用利便の高さをもたらし，経常黒字国のドル資産保有を増加させ，ドル国際信用連鎖を促進させてきた。また，それらが直物，為替スワップ市場におけるドルの地位を高め，ドル国際信用連鎖の構築を保証してきたのである。したがって，世界のドル建貿易の比率が低下すること，ドル金融市場の規模を縮小させる諸要因がドル体制の後退をもたらすことになる（→第**2**章参照）。米経常赤字の膨大化は大きな混乱等を招くことがあるが，ドル体制そのものを後退させることにはならない。

　さて，後退の諸要因であるが，第1に，原油などの一次産品の貿易ではほとんどがドル建になっているが，産油国の西欧等への輸出が一部ユーロ建になることが挙げられる。西欧諸国は原油輸入の支払に際してユーロなどをドルに転換することがなくなるだろう。また，産油国は原油代金をユーロで受け取るから，ドル金融市場規模が縮小しユーロ金融市場規模が拡大していく。さらに，産油国の西欧諸国からのユーロ建輸入が増大するであろう。第2に，ユーロで貿易黒字をもっている西欧が中東欧へユーロ建投資，円で貿易黒字をもっている日本がアジアへ円建投資を伸ばしていくと，対米投資が減少し米経常赤字のファイナンスはむずかしくなってくるし，ドル金融市場の規模は縮小される。第3に，中国が「一帯一路」構想を進め，「一帯一路」の対象国になっている諸国と中国の貿易・投資が拡大し人民元の利用が高まると，為替市場においてドルの取引が減少するであろう。第4として，アメリカ自体が一部の輸入において非ドル通貨を利用せざるを得ない状況が出てくる場合である。希少金属，いくつかの工業製品を輸入する場合，ドルでは購入できない事態が生まれ，非ドル通貨で貿易赤字が大きくなると，その赤字は「債務決済」ができなく，ドルを非ドル通貨に転換して決済しなければならなくなる。

　以上の諸要因がドル体制の後退をもたらすであろうが，現時点でそれらの要因が大きく進行することはあまり考えられない。今後もかなりの期間，ドル体制が続いていくであろう。しかし，後退の諸要因は現存しているのである。

【参考文献】

① ロナルド・I・マッキノン／鬼塚・工藤・河合訳（1985）『国際通貨・金融論』日本経済新聞社：「訳者あとがき」に次のように記されている。「国際金融の多くの教科書や参考書は開放マクロ経済分析を中心にしているのに対して，本書はこのようなアプローチを避け，むしろ外国為替市場を舞台とする主要な経済主体の諸活動と，この活動が国際金融や国際貿易の効率性にあたえる影響に焦点を合わせている」。

② 奥田宏司（2017）『国際通貨体制の動向』日本経済評論社，リーマンショック後のドル体制，ギリシャ危機後のユーロ体制の動向を明らかにし，人民元の国際化，アベノミクス下の円相場，対内外投資の諸相を探求している。

③ ブレンダン・ブラウン／田村勝省訳（2007）『ドルはどこへ行くのか』春秋社：経常収支黒字国と赤字国の間には民間資金移動が発生するが，そのとき，均衡為替相場，中立金利が成立すると主張している。しかし，黒字国と赤字国の間の資金移動は，民間資金移動に限らず，外貨準備等の公的資金も移動し，民間資金移動の如何によっては，為替相場，金利は危機的様相を帯びることが見逃されている。

④ 行天豊雄編（2011）『世界経済は通貨が動かす』PHP研究所：とくに第6章。アメリカの対外ネットポジションの今後を推定し，アメリカの対外不均衡が今後も持続可能であることを論じている。

⑤ 奥田宏司（2012）『現代国際通貨体制』日本経済評論社：上記の③④の文献を検討・批判しながら，1970年代以来のドル体制の変遷を論じている。

［奥田　宏司］

第5章 アメリカ金融市場，金融政策の現状

　2008年のリーマンブラザーズ破綻に端を発した金融危機は，アメリカの金融市場・金融政策に大きな影響を与えた。1980年代以降，金融の自由化が進展するなか，デリバティブ取引や証券化ビジネスなど新たな金融取引を生み出してきたアメリカの金融業界は，危機によって修正を迫られることになった。本章では，金融危機後の金融規制や金融政策，金融機関の変化について考察する。規制の導入や監視体制の強化によって金融市場の安定性は増したのだろうか。

1 新たな金融監督体制，金融規制

マクロプルーデンス政策　アメリカの金融業界は1980年代以降，金利の自由化，業態規制の緩和，資本移動の自由化が進むなかで，デリバティブ取引（→第3章）や不動産の証券化（後述）など新たな金融取引を生み出してきた。1990年代にはIT産業の発展を背景に株価が上昇し，アメリカの金融機関は高収益に沸いた。2001年のITバブル崩壊後は，不動産価格の上昇を背景にモーゲージ（不動産抵当貸付）を基にした証券化ビジネスを展開した。こうした金融機関の新たなビジネス展開と成長は，2008年の金融危機で転機を迎える。信用力が低い個人向け住宅ローン（サブプライムローン）の延滞率が上昇し，巨額の損失が発生した。

　2007年から08年にかけて発生した複数の金融機関の経営危機は，財務省証券（アメリカ国債）を担保にした資金調達市場であるレポ市場（→本章第2節）やABCP（資産担保コマーシャルペーパー）などの短期金融市場の急速な縮小と相まって金融市場におけるシステミックリスク，すなわち市場全体の取引を危うくするようなリスクを露わにした。これまでの中央銀行などによる金融監督は個別金融機関の経営の健全性を中心に考査してきたが，2008年の金融危機はこうした従来の監督体制に見直しを迫った。すなわち，個別金融機関の経営安定性だけでなく，市場全体のリスクを総合的に判断し，危機を未然に防ぐことに

主眼が置かれるようになった。それがマクロプルーデンス政策である。

　バーゼル委員会や IMF，金融危機後に G20各国を中心に設立された FSB（金融安定理事会）でマクロプルーデンス政策の具体的内容が議論された。マクロプルーデンス政策は金融システム全体を危うくするようなリスクや金融機関・市場間の相互連関性を分析し，対応策を検討することで，金融危機のような事態を防止する，もしくは金融危機のように経済活動が急激に収縮する事態を緩和する仕組みを作ることを目的としている。

　具体的には，以下のような政策が提案されている。システミックリスクを緩和するためにカウンターシクリカル（景気循環抑制的な）資本バッファーを導入すること，「システム上重要な金融機関」（SIFIs）に対しては追加的な資本積み増し，追加的流動性が求められるといった内容である。「カウンターシクリカル」という言葉はマクロプルーデンス政策では多用されているが，これは景気過熱時には信用が過剰に膨張しないように，逆に景気収縮期には縮小する金融取引を活性化させるように，景気循環の過度な膨張と収縮を緩和するように政策を実行するというものである。バーゼル委員会はかねてより銀行に対して一定の自己資本比率維持を要求してきた。すなわち銀行が保有するリスク資産に対して，定められた自己資本を積んでおくことを求めている。危機後の新たな合意ではこの通常の自己資本比率に対して，景気過熱時には最大2.5％を追加的に上乗せすることが提案されている。これは景気の過熱を防ぎ，また危機が発生したときの資本バッファーとして機能することを意図している。

　また SIFIs に対しては追加的な資本や流動性が要求されている。これは2008年の危機の際，リーマンブラザーズや保険会社 AIG など巨大金融機関の経営危機が金融市場全体に拡散し，システミックリスクを引き起こしたことに対応している。すなわち市場全体に影響を与える可能性がある巨大金融機関はノンバンクも含めて SIFIs として指定し，より厳しい自己資本規制や流動性要求を課している。

> アメリカの対応　　バーゼル委員会や FSB での議論を受けて，アメリカ国内では以下のような対応がとられた。まずこれまで銀行や保険，その他ノンバンクなど業態によって分かれていた金融監督機関を FSOC（金融安定監督協議会）の下で情報交換しながら統一しようとする動きで

ある。FSOCは財務長官を議長とし，FRB（連邦準備銀行）議長，SEC（証券取引委員会）委員長，FHFA（連邦住宅金融庁）長官など各分野の代表者を構成メンバーとすることで，金融市場のリスクを全体的に把握するという目的を持っている。FSOCがSIFIsを指定し，FRBが指定されたSIFIsに対してストレステストを実施する，という仕組みになっている。

　ストレステストとは，金融危機後，新たに設けられた金融監督の枠組みである。ストレステストでは景気後退期もしくは深刻な不況に陥ったことを想定して，そのような状況下で各金融機関のバランスシートやリスク資産，利益，自己資本比率がどのように変化するかを計測している。失業率が6-10％に上昇する，もしくは株価が65％下落するといった厳しい状況下で銀行の資産や自己資本比率がそれに耐えうるのかを考査している。その上で資本不足と認定されれば，FRBは金融機関に対して配当・賞与や自社株買いの制限，資本増強，経営陣の交代，資産の売却などを求めることができる。

　2009年のストレステストでは，調査対象となった19機関のうち10機関が資本不足と認定された。資本不足と認定された金融機関は，普通株の発行や資産の売却などを実行した。2019年のストレステストでは18機関が対象となったが，いずれも合格判定となっている。

　またデリバティブ取引や投資信託のMMF，証券化ビジネスに対して新たな規制も導入された。店頭デリバティブ取引は基本的にCCP（中央清算機関）での取引に移行した。金融危機の際に経営危機に陥ったAIGのデリバティブ契約が相対での取引を中心としていたため，その全体像が不透明であり，そのことが金融市場全体の不安感を高めた。こうした状況の再発を防止するためにデリバティブをCCP経由にして透明性を高めようという改革である。2016年9月よりCCP経由ではない取引に対しては追加的な証拠金が求められるようになった。これにより金利スワップ取引の76％，CDS取引の53％がCCP経由になった（2018年）。しかし外国為替，株式を対象とするデリバティブ取引は，依然として相対取引が大半である。

　さらに証券化ビジネスに対してはリスクリテンション規制が設けられた。証券化とは，様々な資産（住宅ローン債権や貸出債権など）から生じるキャッシュフロー（利子など）を担保に証券を発行し資金を調達することである。図5-1

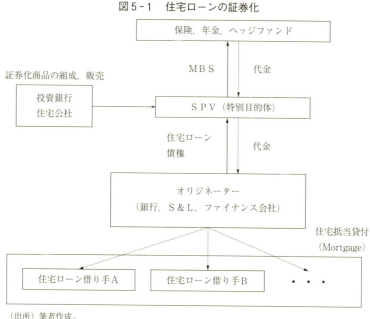

図5-1 住宅ローンの証券化

(出所)筆者作成。

は住宅ローンを証券化するしくみを示している。まずオリジネーターと呼ばれる貸し手が借り手に住宅抵当貸付を行なう。オリジネーターは早期に資金を回収するため，保有する住宅ローン債権を投資銀行などが設立したSPV(特別目的体)というペーパーカンパニーに売却する。SPVに集められた数千件の住宅ローン債権をもとにMBS(不動産抵当貸付担保証券)という証券化商品が発行され，保険や年金といった機関投資家やヘッジファンドが購入する。SPVの設立母体である投資銀行は，住宅ローンの借り手が支払う利子や元本から手数料を差し引いた残余を投資家に分配する。

証券化はオリジネーターが抱える長期の信用リスクを投資家に転売することを可能にしたが，発行額が増加するにつれて貸付に対する審査基準が甘くなりサブプライムローンの拡大を招いた。リスクリテンション規制はこうした事態を防ぐために，金融機関に証券化した商品の5%を保有することを義務づけるものである。これにより貸付に対する審査基準の質を維持しようとしている。

しかしリスクリテンション規制は一定の基準を満たした MBS は適用除外となっているなど例外措置も多い。またヨーロッパで導入されているカウンターシクリカル資本バッファーも2019年現在，アメリカでは実施されていない。さらにトランプ政権誕生後の2018年には，SIFIs と位置付けられる金融機関の総資産の基準額が引き上げられ対象となる金融機関が限定された。金融危機後に高まった金融機関に対する監督・規制強化の機運が薄れてきている。

2　金融危機後の金融機関

銀行持株会社

上述の金融規制改革によって金融機関の経営の安定性は増したのだろうか。危機時には政府から資本注入を受けた銀行持株会社は，その後大幅に自己資本を増強している。最大手8行（JP モルガンチェース，シティ，モルガンスタンレー，ゴールドマンサックスなど）の自己資本比率（Tier 1）は危機前後には5-6％であったが，2015年以降は12％台を維持している。自己資本比率は，保有するリスク資産に対する自己資本の割合であるが，資本の中身によって Tier 1 や Tier 2 などに分かれる。もっとも要件が厳しい Tier 1 は，普通株や内部留保など自己資本に組み入れられる項目が限定されている。Tier 2 は劣後債や劣後ローンなども含めることができる。

自己資本比率の大幅な上昇を支えたのは，利益の回復による内部留保積み増しと株式発行による資本調達，そして不採算部門の売却である。金融危機時には，自己資金で証券などを売買し利益を追求する自己勘定取引や証券化ビジネスで大幅な損失を抱えたが，2009には早くも黒字に転じた。純金利収入や手数料収入などは金融危機前の水準に比べると減少しているが，ピーク時（2007年）の7〜8割を維持している。

また金融危機後には流動性カバレッジ比率規制も導入された。これはストレステストで想定されているような深刻な不況が30日間継続し，その間に予想される純資金流出を上回る額の，高い流動性をもつ資産を保有しなければならないというものである。こうした規制に対応するために各行は総資産に占める連邦準備預金や国債保有額を増加させた。

とはいえ後にみるように，非金融企業の負債が2010年以降歴史的なレベルで増加しており，銀行のファイナンス会社や投資信託，保険会社などへの貸付が間接的にリスクの高い高債務企業への貸付に回っているとの指摘もある。銀行は金融危機後，自己資本比率や流動性カバレッジ比率を高め経営の安定性を向上させたが，景気の状態や金融政策の動向によっては損失が拡大するリスクを抱えている。

| 証　券　会　社 |

証券会社も銀行持株会社同様に危機後，利益を回復してはいるが，危機前の水準を上回るほどではない。証券会社はかねてよりレポ取引や証券担保借入によってレバレッジ（自己資本に対する負債の割合）を高めてきた。レポ取引は債券の買い戻し条件付き売却，リバースレポ取引は債券の売り戻し条件付き購入をそれぞれ意味する。実態としては債券を担保にした短期の資金貸借を指す。図5-2のとおり，Ａが保有する財務省証券（アメリカ国債）を担保にＢから資金を調達する取引がレポ取引である。取引開始時点でＡはＢに債券を売却し，その売却代金を資金として調達する。そして終了時点で債券を買い戻し，資金を返済する。オーバーナイトもしくは1週間程度の短期資金調達手段として利用されている。終了時点の債券購入価格は通常，売却価格にＡの負担する金利分を上乗せした金額となる。アメリカでは，国債だけでなく住宅公社が発行する政府関連機関債やMBSなどもレポ取引の対象となる。

　証券会社はレポ取引によって短期資金を調達し，それによってさらに証券を購入することで，レバレッジを高め利益を増加させていた。危機前にはレバレッジが20倍以上であったが，危機後は10倍強で推移している。レバレッジを低く抑えることで経営の安全性を高めることができるが，証券会社の資金調達が依然としてレポ市場を中心とした短期金融市場に依存している構造に変わりはない。

　またゴールドマンサックスやモルガンスタンレーは危機前には投資銀行として活動していたが，2008年に銀行持株会社に転換した。しかしその資産の大半は現在でも投資銀行業務に関わるものであり，証券業界ではこうした大手金融機関への利益の集中傾向が続いている。2018年時点における証券業界全体の総資産の60％は上位10社に支配されており，収入の3分の1，利益の4分の1を

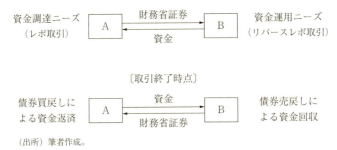

図5-2 レポ取引

(出所) 筆者作成。

彼らが獲得しているとみられる。

その他金融機関・金融商品　証券化商品の発行は金融危機前後、大幅に規模を縮小したが、2010年ころから回復傾向にある。しかし危機前の水準を上回るほどではない。とくに民間企業によるMBS発行は激減し、2018年になっても全体の10%を占める程度である（図5-3）。MBSの発行はほぼジニーメイやファニーメイといった政府系の住宅公社（GSE）によるものになった。信用力が低い人に対する貸付（サブプライムローン）を基にしたMBSも金融危機後はほぼゼロになった。他方、GSEが発行するMBSを基に売り出されているREIT（不動産投資信託）は金融危機前を上回る規模に拡大しているが、資金調達の半分をレポ市場に依存している。短期での資金調達と長期での資産運用という期間ミスマッチを抱えている。

　保険会社は、金融危機後の金利の低下によって収益の減少が危ぶまれたが、より長期のそして高リスクの投資先を拡大することで収入を維持している。また金融危機以前と比較しても規模が拡大しているのは投資信託である。証券会社が資産を売却し規模を縮小させたのに対して、投資信託は危機後の景気拡大と株価上昇の恩恵を受けた。図5-4をみると特に債券型・株式型の投資信託やETFが拡大している。債券型の投資信託には金融危機後も断続的に新規投資資金が流入している。それに対して金融危機後の株式型の投資信託の資産残高増加は投資資金の流入というよりむしろ株価の上昇によってもたらされてい

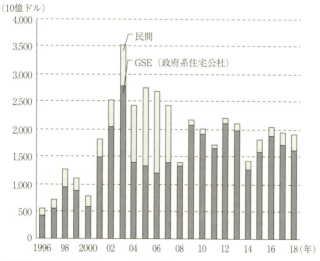

図5-3 MBS発行額

(出所) SIFMA, U. S. Mortgage-Related Issuance.

る。実際,2015年以降の株式型投資信託からはネットで資金が流出している。資金の流出を上回る株価の上昇がみられたため,投資残高が増加した。ナスダック総合指数は2013年頃から徐々に上昇し,16年には年率36％の伸びを記録している。しかし米中間の貿易摩擦や原油価格の不安定な動きなど株式市場に対する懸念材料も指摘されている。

さらに危機後のアメリカ金融市場を特徴づけるものとしてプライベート・エクイティ・ファンド(PEファンド)の拡大が挙げられる。PEファンドとは,機関投資家や個人投資家から資金を調達し,未公開企業に投資する,もしくは公開企業に投資してそれを非公開化するといったものである。PEファンドの活動は,PEファンド自身の資金調達の動向に大きく影響される。年金基金がPEファンドに対する最大の投資家であるが,その他私募ファンドや外国公的機関,保険会社などがそれに続いている。金融危機前の資産残高が1兆ドル未満であったのに対して,危機後も増加が続き2017年には1兆5000億ドルを超える規模に拡大している。

金融危機後のアメリカでは,一部の銀行や証券会社などがレバレッジを抑え

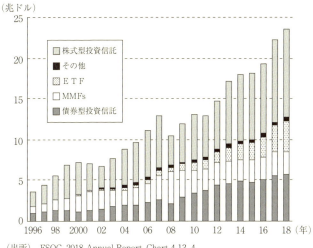

図5-4 投資会社資産残高

(出所) FSOC, 2018 Annual Report, Chart 4.13.4

流動性を高めることで経営の安全性を維持しようとしているが，後にみるように企業債務の増大というリスクを抱えている。また保険会社や投資信託などシャドウ・バンキングと呼ばれる銀行以外の金融機関はリスク投資を増加させており，今後も注視しなければならない。

3 新たな負債の発生と金融危機への危惧

金融市場とマネーフロー　金融危機後，景気の拡大が長期化する中で，各部門の資金構造と金融市場はどのように変化したのだろうか。図5-5は各経済部門間でどのように資金が循環しているのかを概観したマネーフロー図である。図の右側が各部門の金融資産増分（資金運用）を，左側が負債増分（資金調達）を表している。そして中間の国内金融機関がそれを仲介している。

家計部門は，金融危機前に資金不足（負債増分が資産増分を上回る）であったが，危機後に住宅抵当借入が急速に減少し，資金余剰（資産増分が負債増分を上回る）となっている。家計の資金は国債や年金に向かっている。また非金融企

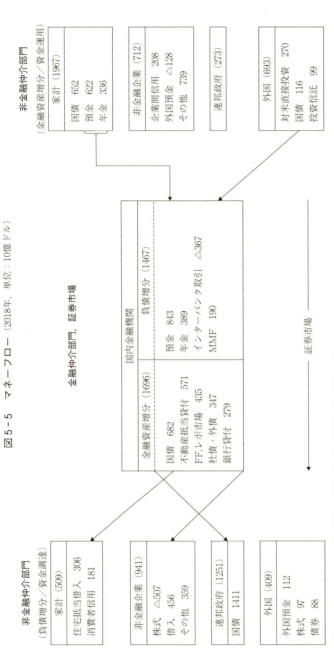

図5-5 マネーフロー (2018年, 単位：10億ドル)

(注) マイナスは△で表示。括弧内の数値は金融資産増分, 負債増分を表す。
(出所) FRB (Jun. 6, 2019) *Financial Accounts of the U.S.*

業は，逆に危機前は資金余剰であったが2011年以降は投資が拡大し，資金不足となっている。しかしその資金調達は負債に偏重している。非金融企業は1990年代後半からほぼ一貫して株式市場では自社株買いや他社買収を通じて資金を放出している。図5-5をみても，株式市場では5070億ドルの資金を放出していることが分かる。他方，社債や銀行借入などの負債資金調達は拡大している。

　また金融危機前は国内資金の大半がMBSをはじめとする住宅関連投資や高騰する原油市場に向かう一方で，国債の大半を外国が購入していたが，金融危機後の財政支出拡大による国債発行額の増大によって少しずつ外国の割合は低下している。

　金融危機を境に国内の資金構造は以下の点で大きく変化した。すなわち，これまでのアメリカ経済の特徴として挙げられてきた家計部門の資金不足は，現段階では金融危機の影響もあり解消している。しかし非金融企業の投資と政府の支出が増加することで国全体としては依然として貯蓄不足であり，外国からのファイナンスを必要としている。

企業債務の増大

金融危機後，アメリカ経済は2010年からプラス成長に転じたが，その中で非金融企業の債務が歴史的水準に拡大している。景気の拡大を背景にしたものであるが，その伸び率はGDP成長率を上回っており，企業の債務負担は増加している。

　とくに注目すべきは2012年くらいから信用力が低い企業への貸付（レバレッジドローン）が増加していることである（図5-6）。レバレッジドローンは格付けがBB+以下で信用力が低く評価されているため，金利は通常LIBOR +125bps以上と高い水準に設定される。ハイイールド債（ジャンク債）と並んで，資金調達が増加している。さらに近年ではレバレッジドローンの中でもとくにリスクの高い企業への貸付が増加している。レバレッジドローンの中でも収益に対して債務残高が6倍以上ある高債務企業への貸付の割合が，2010年には10%未満であったが18年には30%を超えている。金融危機後の景気拡大と企業収益の増加を反映して，高リスク企業への貸付が増加している。レバレッジドローンは主に，M&Aファイナンスや資本の再構成，債務の借り換えなどに利用されている。PEファンドによる企業買収では，買収資金の多くがレバレッジドローンによって調達されている。また2010年以降，株価が上昇する中でレ

図5-6　ハイリスク事業への貸付増加額

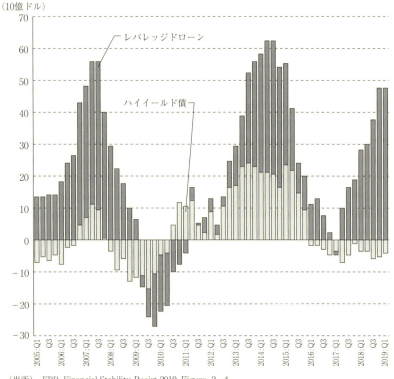

（出所）　FRB, Financial Stability Reoirt 2019, Figure 2-4.

バレッジドローンを使った資本の再構成，すなわち配当支払いや自社株買いが増加している。これによりバランスシート上では負債比率の上昇と自己資本比率の低下が起こる。しかしアメリカ企業に浸透しているコーポレートファイナンスの考え方では資本の調達コストは負債に比べて高いので，こうした資本の再構成が一般的に行なわれている。

　レバレッジドローンは，単一の銀行によるタームローンと異なり，証券発行の手法を利用したシンジケート形式で実行される。すなわち複数の銀行やPEファンドがシンジケート団を組むが，シンジケート団はそれを最終的な投資家へ売却する。レバレッジドローンの最終投資家は銀行や投資信託，年金・保険などの機関投資家，ヘッジファンドなど様々であるが，とくに中心となってい

るのは CLO（ローン担保証券）である。レバレッジドローンの半分以上は CLO が保有している。

　CLO とは企業向けの貸出債権を担保に発行された証券のことで，図5-1で説明した証券化の一種である。貸出債権は SPV（特別目的体）などのペーパーカンパニーに所有され，CLO を保有する投資家に利子や元本が分配される。CLO だけでなく証券化商品は一般的に，元の原債権のキャッシュフローを様々に組み替えることで，投資家のリスク許容度に応じて格付け，満期構成，金利など条件が異なる証券を発行する。信用力が低い企業向けのレバレッジドローンであったとしても証券ごとに細かく返済順位を決めてトリプル A 格付けの証券を生み出す。借り手が返済した利子や元本は SPV を通じてまず返済順位１位のシニアに回される。シニアへの支払いの次に２位のメザニン，最後に３位のジュニアという順番になる。逆に借り手が返済不能に陥った場合は，ジュニア，メザニン，シニアの順番で損失を負う。シニア部分は返済がもっとも優先されるためリスクは低くなるが，その分利回りは低く抑えられる。ジュニア部分はリスクが高い分，利回りも高く設定される。こうして証券ごとに返済順位を区分することでレバレッジドローンを担保にした証券化商品でもシニア部分についてはトリプル A 格付けを取得することが可能になる（図5-7）。CLO の投資家は多岐にわたるが，トリプル A 格付けの比較的信用度が高いものは日本やヨーロッパを含む国内外の銀行が，そしてよりリスクの高いものは保険会社やファンドなどが保有している。

　銀行は CLO を保有するだけでなく，レバレッジドローンの証券化にかかわってパイプラインリスクも抱える。すなわちローンを引き受けてから，それを投資家に売却するまでの間に発生する損失である。市場が急激に縮小し，予想以上にレバレッジドローンを抱えこまなければいけない事態が発生しかねない。レバレッジドローンのデフォルト率は平均すると３％強であるが，2016年以降それを下回る低い水準が続いている。好調な景気と低金利という状況が，レバレッジドローンの低いデフォルト率を可能にしているが，いったん景気が反転すれば新たな危機につながるリスクもある。

|金　融　政　策|

2008年のリーマンブラザーズ破たんをきっかけにした混乱に対処するために FRB はゼロ金利政策や量的緩

図5-7 証券化商品の構造

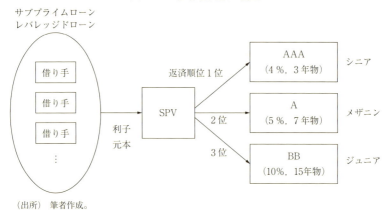

（出所）筆者作成。

和など様々な金融政策を実行してきた。ゼロ金利政策では，金融政策の目標となる銀行間無担保オーバーナイト金利であるフェデラルファンド金利（FF金利）を0.0-0.25％まで引き下げた。また量的緩和では，国債や政府系住宅公社が発行するMBSを大量に購入した。また2012年にはインフレ率や失業率の目標値を設定し，その目標が達成できるまでゼロ金利を維持する声明を発表した。これら一連の金融政策は，これまでの短期金利をコントロールすることで物価の安定を目指す従来型のものとは異なっていたために非伝統的金融政策と呼ばれた。

　2010年以降GDPはプラス成長に転じた。インフレ率は目標としていた2.5％を上回ることはなかったが，失業率は継続的に低下した。FRBは2015年12月にはゼロ金利政策を終了し，緩やかながらも利上げをはじめた。2016年は原油価格の不安定な動きやBrexitなどの混乱もありFF金利は据え置かれたが，17年以降は段階的に引き上げられた。また同年10月には量的緩和政策で膨らんだFRBのバランスシートの縮小を開始した。満期を迎えた国債などで，償還された元本の再投資を縮小するという緩やかな形ではあったが，徐々にFRBの資産残高が減少し始めた。

　このようにアメリカは景気回復とともに非伝統的金融政策の解消を目指して進むようにみえたが，2019年に入るとその方向性に変化が見られるようになっ

た。2017～18年にかけて段階的に引き上げられたFF金利は2.25-2.5％の水準であったが，19年に入り据え置かれるようになった。企業の固定設備投資の成長が鈍くなり，インフレ率が2％を下回るようになったことが背景にある。7月と9月にはさらに利下げを実行した。またバランスシートの縮小もストップした。

　2017年以降，非伝統的金融政策からの脱却（Policy Normalization；政策の正常化）を目指してきたFRBであるが，19年に入りその方向性を転換しようとしている。同年12月現在のFF金利は1.5-1.75％であるが，これは金融危機前の5.25％と比較すると非常に低い水準である。FRBでは，景気拡大期における金利の引き上げが十分でなかったために，次に深刻な景気後退が発生したときに利下げする余地がない，ということが懸念されている。また量的緩和によって膨らんだバランスシートは依然金融危機前の水準に比べると4倍以上の規模になっている。こうした状況下で，他にどのような追加的な金融緩和政策がありうるのか，議論が続けられている。世界の金融市場に影響を与えるアメリカの金融政策の行く末に注目が集まっている。

【参考文献】
①若園智明（2015）『米国の金融規制変革』日本経済評論社：ドッドフランク法の内容について解説したうえで，同法がもつ問題点について指摘している。
②奥田宏司（2016）「原油価格の低落と中国のドル準備の減少の中での対米ファイナンス―国際マネーフローの変容についての覚書」『立命館国際研究』29巻1号：アメリカのファイナンスを支えてきたオイルマネーと中国のドル準備が2014年以降，減少していることを明らかにしている。
③小西宏美（2009）「アメリカ株式市場における自社株買い―擬制資本への投資と利潤の実物資本への不転化」駒澤大学『経済学論集』40巻4号：アメリカの非金融企業が1990年代から株式市場で資金を放出していることを指摘している。
④FSOC, Annual Report：金融危機後，設立された金融安定監督協議会が毎年，金融機関や金融市場の動向について分析している。
⑤FRB, Financial Stability Report：FRBが半年に1度，金融機関，金融市場，金融政策についてのレポートを出している。

[小西　宏美]

第6章 ユーロ体制の現状とユーロシステムの金融政策

　本章では，ヨーロッパ19か国の共通通貨であるユーロの現状と，ユーロを導入している国の金融政策を取り上げる。前半の2節では，ユーロとはどんな通貨なのか，ヨーロッパの経済でどのような役割を果たしているのかを解説する。後半の3節では，ユーロ導入国の金融政策がどのように決定され，実行されているのかということと，共通通貨であるがゆえに生じる問題点について解説しよう。

1　共通通貨ユーロとは

ユーロの導入国　ヨーロッパ諸国の統合体であるEU（欧州連合）は，ユーロを通貨とするEMU（経済通貨同盟）を設立しなければならないと条約で定めている。ユーロはEUの共通通貨であり，EUに加盟していなければユーロを導入することはできない。ただし，EU加盟国であっても，EUの定める条件を満たさなければユーロを導入することはできない。

　図6-1はユーロ導入国を導入年次別にわけ，地図上の位置を示したものである。2019年10月現在，EUに加盟する28か国のうち，ユーロを導入しているのは19か国である。

　ユーロが導入されたのは1999年で，最初の導入国は11か国であった。その後，新たに8か国が導入を果たしている。EMUへの参加はEU加盟国の義務であるが，イギリスとデンマークは通貨統合に関する義務の適用除外を受けていた。したがって，現時点でユーロの導入義務があるEU加盟国は7か国ということになる。

　EUについては，現加盟国以外に，アルバニアと北マケドニア，モンテネグロ，セルビア，トルコが加盟候補国，ボスニア・ヘルツェゴビナとコソボが潜在的加盟候補国と呼ばれる地位にある。これらの国は加盟を交渉中であるが，加盟を果たした場合には，原則としてユーロの導入義務を負うことになる。

第 6 章　ユーロ体制の現状とユーロシステムの金融政策　93

図 6-1　EU 加盟国のユーロ導入状況（2019年10月末現在）

導入年および導入国	1999	①オーストリア　②ベルギー　③フィンランド　④フランス　⑤ドイツ　⑥アイルランド　⑦イタリア　⑧ルクセンブルク　⑨オランダ　⑩ポルトガル　⑪スペイン
	2001	⑫ギリシャ
	2007	⑬スロベニア
	2008	⑭キプロス　⑮マルタ
	2009	⑯スロバキア
	2011	⑰エストニア
	2014	⑱ラトビア
	2015	⑲リトアニア
非導入国	導入義務免除	⑳デンマーク　㉑イギリス（2020年1月に EU から離脱）
	導入義務あり	㉒ブルガリア　㉓クロアチア　㉔チェコ　㉕ハンガリー　㉖ポーランド　㉗ルーマニア　㉘スウェーデン

（注）　同一欄に複数国がある場合の記載順序は，加盟国の英語表記のアルファベット順による。

（注）　①〜㉘は EU 加盟国，下線はユーロ導入国（いずれも2019年10月末現在）。
（出所）　筆者作成。

| 収斂基準：ユーロ
導 入 の 条 件 |

ユーロを導入しようとする国が満たさなければならないとされる条件を収斂基準と呼ぶ。EU は条約で加盟国に対し，物価の安定と持続可能な財政の維持，通貨の変動幅維持，長期金利の安定の4つを求めており，収斂基準はこれを経済指標で明確化したものである。

収斂基準の具体的な内容は次のとおりである。

① 物価の安定　　過去1年間の消費者物価上昇率の平均が，最も低い3か国の単純平均に1.5％を加えた値を上回らないこと。

② 持続可能な財政　　単年度の財政赤字は GDP 比3％，政府債務残高は GDP 比60％を上回らないこと。

③ 通貨の変動幅維持　　自国通貨が2年にわたって切り下げられず，ERM（為替相場メカニズム，後述）における通常の変動幅（上下15％以内）に収まっていること。

④ 長期金利の安定　　過去1年間の長期金利の平均が，最も低い3か国の単純平均に2％を加えた値を上回らないこと。

ユーロ導入義務のある7か国には，収斂基準の達成に向けた経済政策の立案と実行が求められる。各国の達成状況は，「収斂状況報告書」として ECB（欧州中央銀行）が定期的に公表している。

| ユ ー ロ 導 入 に
至 る ヨ ー ロ ッ パ
通 貨 協 力 の 歴 史 |

共通通貨ユーロは，50年以上に及ぶヨーロッパ通貨協力の歴史の上に形成されたものである。その歴史を簡単に振り返っておこう。

西ヨーロッパ諸国の国際通貨協力は，1940年代後半に張り巡らされた支払協定網の多角化からはじまった。支払協定というのは，国家間で「ツケ払い」による輸出入を行なうことで，国際取引に必要な支払手段を節約するためのものである。当時は，第二次大戦からの復興が最優先課題であり，戦争によって疲弊した生産力を補うための，対米輸入に必要なドルを節約することが主な目的であった。

復興が完了し高度成長期に入ると，ドルの不足は解消した。だが，今度は過剰となったドルが IMF（国際通貨基金）の固定相場制を動揺させ，1973年までに主要国が変動相場制に移行した。それにより，西ヨーロッパ通貨間の為替相

場変動幅が拡大したので，域内貿易における為替リスクが深刻な問題になった。解決策として，後の通貨統合の青写真ともいえる構想が示されたが，各国の足並みは揃わず，大きな効果を上げることはできなかった。

　鋭い利害対立の一方で，為替相場安定に向けた話し合いは粘り強く続けられていた。1979年には，その成果としてEMS（欧州通貨制度）が創設された。EMSは，参加国通貨間の固定相場制度であるERMと，それを支える中央銀行間の信用制度および決済の仕組み，そして共通通貨単位であるECU（欧州通貨単位）から構成される。ERMは，加盟国の通貨それぞれ2通貨ごとに，基準となる為替相場に対して上下2.25％の変動を許容する地域的な固定為替相場制としてスタートした。

　EMSは，もともと加盟国通貨の対等な関係を基礎とするシステムであったが，現実の運営を通じて，1980年代後半にはドイツ・マルクがEMSの事実上の基準通貨となった。そして，90年代に入ると，マルクは介入通貨および準備通貨としても機能するようになり，西ヨーロッパの基軸通貨としての地位を獲得した。

　マルクが基軸通貨化する過程で，フランスをはじめとした他の加盟国は，ドイツの物価重視の金融政策に追随する形で，国内のインフレ圧力を抑制した。EMSの成果は，独仏等の大陸諸国を主軸とした統合推進勢力を勢いづかせ，1993年に発効したマーストリヒト条約において，通貨統合を構想から政策に進化させることになった。

　マーストリヒト条約においては，通貨統合は3段階で進めることとされた。第1段階（1998年開始）では，通貨統合参加国の決定およびECBの設立，単一通貨導入に関する法整備などが実施された。続く第2段階（1999年開始）では，導入第1陣となる11か国でユーロ建の金融取引（預金など）が開始された。そして第3段階（2002年開始）では，ユーロ現金の流通が始まり，各国の独自通貨が消滅したのである。

| イギリスとヨーロッパ通貨統合 | イギリスは，マーストリヒト条約では通貨統合に関する適用除外を確保したものの，通貨協力そのものに背

を向けたわけではなかった。1990年にはEMSに加盟し，ERMにも参加している。当時のイギリスでは，ポンド安と景気後退が問題となっていた。ERM

参加により，ポンドに対する信認を高め，為替相場を安定させた上で，景気刺激のための金利引き下げ余地を確保しようとしたのである。

しかし，ERM 参加以降，イギリスの不況は深刻化し，1992年頃にはさらなる金融緩和が求められる状況になった。一方，ドイツでは，1990年10月の統一によって旧東側に対する財政支出が拡大し，80年代末からのインフレ圧力がさらに高まっていた。これに対抗するため，公定歩合が段階的に引き上げられ，1992年 7 月には8.75％に達した。

ERM に留まるためには，イギリスはドイツの高金利政策に追随せざるを得ず，金利を下げられるような状況ではなくなった。ついに1992年 9 月，イギリスの ERM 離脱は不可避と判断した投機筋に足元を見られ，ポンドが売り浴びせられる通貨危機が発生した。わずか 2 週間あまりでイギリスは ERM 離脱に追い込まれた。

イギリスの抜けた ERM は，翌1993年に再び危機に見舞われるものの，その後は安定を取り戻し，通貨統合に向けた歩みを加速した。イギリスと大陸諸国の通貨政策における溝を決定的に深めたのが，1992年のポンド危機であったといえる。

1990年代後半以降，景気回復と政権交代を契機に，イギリスは改めて通貨統合への参加を検討するようになった。そして，ユーロ導入の是非を問う国民投票を2003年までに実施することを決定した。しかし，国民投票は実現せず，以降，ユーロ導入の議論が現実味を帯びることはなくなった。

その後，2016年 6 月の国民投票の結果を受けて，イギリスは EU に離脱を通告した。ユーロ導入どころか，その前提条件としての EU 加盟国という地位そのものが失われようとしているのである。

2 ユーロ体制の現状

貿易・サービス取引におけるユーロの地位

本節では，ユーロの国際的な地位を，貿易や金融取引，銀行間外国為替市場，公的部門などにおける具体的な利用状況をみることで確認する。そして，ユーロを基軸通貨とし，国際的な債権・債務関係が主にユーロ建で構成される，ユーロ体制がヨーロッパに存

第**6**章 ユーロ体制の現状とユーロシステムの金融政策 **97**

表6-1 EU各国のユーロ建貿易・サービス取引の比率

(単位：%)

輸 出

	貿易			サービス取引		
	2010	2014	2018	2010	2014	2018
ユーロ導入国 （ユーロ導入国以外を相手とする取引）	60.8	61.0	61.6	53.2	63.2	63.4
ユーロ非導入国 （全世界との取引）	2010	2014	2018	2010	2014	2018
ブルガリア	56.1	57.9	61.1	82.5	76.8	73.1
チェコ	76.4	78.4	78.8	76.9	70.8	70.7
ルーマニア	71.3	77.0	80.4	62.2	61.8	78.2
スウェーデン	22.0	20.6	19.8	−	−	−

輸 入

	貿易			サービス取引		
	2010	2014	2018	2010	2014	2018
ユーロ導入国 （ユーロ導入国以外を相手とする取引）	51.9	53.0	51.4	56.8	52.6	53.6
ユーロ非導入国 （全世界との取引）	2010	2014	2018	2010	2014	2018
ブルガリア	46.2	51.7	56.3	66.5	63.0	57.9
チェコ	68.5	68.4	69.2	75.6	73.5	79.8
ルーマニア	66.8	64.2	69.2	69.4	57.3	70.9
スウェーデン	18.8	20.4	20.9	−	−	−

（出所） ECB, *The International Role of The Euro,* June 2019のデータを用いて筆者が作成。

在していることを明らかにしよう。

　まずは，貿易・サービス取引におけるユーロの利用状況である。**表6-1**は，2010年代における，ヨーロッパ各国の貿易・サービス取引に占めるユーロ建比率を示したものである。ただし，ユーロ導入国どうしでは，特段の理由がない限りユーロを用いて取引を行なうと考えられるので，ユーロ導入国以外を相手とする取引額に対するユーロ建取引の比率を示している。

　ユーロ導入国の，ユーロ導入国以外との貿易におけるユーロ建比率は，輸出の約6割，輸入の約5割であり，サービス取引においてもほぼ同じである。サービスの輸出においてのみ明確な増加傾向がみられるが（53.2%→63.4%），それ以外は2010年代を通じてあまり変化がないことが分かる。

EUのユーロ非導入国について，ブルガリアとチェコ，ルーマニアの中東欧3か国については，貿易の輸出で6～8割，輸入で6割弱～7割弱，サービス取引の輸出で7割強，輸入で6割弱～8割弱である。中東欧諸国の取引相手国はユーロ導入国が多く，ユーロ建比率は高くなる傾向にある。

その一方で，スウェーデンのユーロ建貿易比率は中東欧諸国と比べると低く，2割程度しかない。スウェーデンの主要な貿易相手国は，デンマークやイギリスなどの非ユーロ導入国，EU非加盟国であるノルウェー，さらに，アメリカや中国などの非ヨーロッパ諸国であるためであると考えられる。

なお，イギリスについては，全世界との取引の数値がないが，EU加盟国以外とのユーロ建貿易の比率は4％弱に過ぎず，ほとんどはポンド建とドル建であることを付け加えておく。

以上，ヨーロッパにおいては，ユーロが主な貿易・サービス取引通貨としての地位を獲得しているといって差し支えないものの，それ以外のヨーロッパ通貨建やドル建の貿易も多い。第**2**章で世界全体の状況を説明したが，ヨーロッパにおいても様々な通貨が貿易に用いられていることが分かる。

| 金融取引における |
| ユーロの地位 |

続いて，ヨーロッパの国際金融取引においてユーロがどの程度利用されているかを確認して，ユーロ建の国際的な債権・債務関係がどの程度構築されているのかを明らかにしよう。

第**3**章の図3-1で，通貨別にみた国際債券の残高において，ユーロ建とドル建の割合がほぼ拮抗していることが示されている。ユーロ建の国際債券は，ユーロ導入国居住者による，ユーロ導入国内でのユーロ資金の調達（例えば，ドイツ企業がフランスでユーロ建社債を起債^{きさい}（債券を発行すること）するなど）に用いられている割合が大きい。

図6-2で，ユーロ導入国以外で起債された国際債券の通貨別比率も確認しておこう。この図には，前段のドイツ企業の例のような，居住国通貨建の債券は含まれないので，ユーロ建債の比率は図3-1よりも低くなる。図6-2によれば，全世界の居住国通貨建でない，つまり外貨での起債のうち，ユーロ建の割合は23.9％である。

これに対し，デンマーク／スウェーデン／イギリスは46.3％がユーロ建である。それら3か国を除くユーロ非導入のEU加盟国では62.2％に達するし，

図6-2　起債地別にみた国際債券残高[1]の通貨別比率（2018年末）

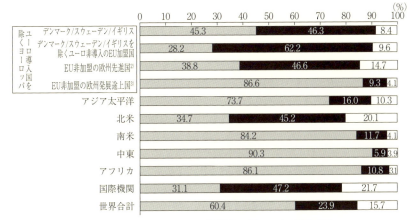

(注) 1) 国際債券の範囲はECB基準による（起債者の居住国の通貨以外で発行された債券）。BIS基準による図3-1とは，国際債券の範囲が異なるため，数値は一致しない。
　　 2) アイスランド，ノルウェー，スイス，およびヨーロッパの小国（モナコなど）。
　　 3) アルバニア，ベラルーシ，ボスニア・ヘルツェゴビナ，北マケドニア，モルドヴァ，ロシア，ウクライナ。
(出所) ECB, *The International Role of The Euro*, June2019のデータを用いて筆者が作成。

EU非加盟の先進国でも46.6％である。ユーロ導入国だけでなく，ヨーロッパ諸国の大部分において，ユーロが資金調達・運用通貨として用いられていることが分かる。なお，北米のユーロ建比率が高いのは，アメリカの国際債券のユーロ建比率が大きく表示されるためである（アメリカにおいてドル債を起債しても，ここでいう国際債券にはならない）。

ただし，地理的にはヨーロッパに属していても，EU非加盟の途上国（ロシアやCIS（独立国家共同体）諸国など）のユーロ建債比率は小さく，ほとんどがドル建である。大半のヨーロッパ諸国と異なり，ロシアとその周辺国では，国際的な債権・債務関係がドルで形成されている。これに関しては，次項でも触れることにしよう。

国際債券だけでなく，銀行貸付や預金についても，ヨーロッパにおけるユーロの地位は高い。表6-2は，EU加盟国でユーロを導入していない中東欧諸国や，EU加盟交渉中の国における状況を示したものである。

中東欧諸国においては，ポーランドを除き，外貨建の銀行貸付の9割以上が

表6-2　ユーロ非導入国の銀行貸付・預金残高におけるユーロ建比率（2018年12月）

(単位：%)

		ユーロ建の銀行貸付		ユーロ建の銀行預金	
		自国通貨建も含めた貸付全体に対する割合	外貨建貸付のみに対する割合	自国通貨建も含めた貸付全体に対する割合	外貨建貸付のみに対する割合
ユーロ非導入EU加盟国	ブルガリア	33.7	96.7	29.5	79.9
	クロアチア	53.4	97.6	51.0	89.3
	チェコ	13.2	93.9	6.3	76.6
	ハンガリー	22.8	95.0	16.1	75.2
	ポーランド	10.2	48.8	7.7	66.2
	ルーマニア	31.5	92.6	28.6	86.2
EU加盟候補国および潜在的加盟候補国	アルバニア	46.4	92.0	44.3	86.4
	ボスニア・ヘルツェゴビナ	54.7	99.6	33.2	90.9
	北マケドニア	40.4	99.0	35.8	84.8
	セルビア	63.8	95.2	61.1	89.5
	トルコ	19.8	48.2	18.3	36.6

（出所）ECB, *The International Role of The Euro,* June 2019のデータを用いて筆者が作成。

ユーロ建であり，外貨建預金においても7割以上がユーロ建である。また，加盟交渉中の国でも，トルコを除いて，ユーロ建銀行貸付・預金の割合が非常に高い。債券発行だけでなく，銀行貸付や預金の面からみても，ユーロによる国際的な債権・債務関係の網の目がヨーロッパに形成されていることが理解できよう。

銀行間為替市場におけるユーロの地位

ここからは，銀行間外国為替市場（→第2章第2節）におけるユーロの地位を確認しよう。

　表2-2でみたように，現在の世界の銀行間為替市場においては，ドルを一方とする取引が圧倒的であった。しかし，ヨーロッパに限定すると，直物為替取引（→第2章第2節，第3節）では，ユーロとの取引がドルとの取引を上回っている通貨もある。

　表6-3によれば，2013年以降，スウェーデン・クローナとポーランド・ズロティ，ノルウェー・クローネは，いずれも直物取引におけるユーロの取引額がドルよりも大きい。このことは，ヨーロッパの小国の通貨どうしの交換では，ドルよりもユーロが為替媒介通貨（→第2章第6節）として利用されていることを示している。

第6章　ユーロ体制の現状とユーロシステムの金融政策　**101**

表6-3　**全世界の銀行間外為市場における各通貨のドル，ユーロとの取引額**
（各年4月の1日あたり平均取引額）

（単位：10億ドル）

		ドルとユーロ	ポンド		スイス・フラン		スウェーデン・クローナ		ポーランド・ズロティ		ノルウェー・クローネ		ロシア・ルーブル	
			ドル	ユーロ	ドル	ユーロ	ドル	ユーロ	ドル	ユーロ	ドル	ユーロ	ドル	ユーロ
2013	直物	163.3	45.9	13.5	14.0	10.4	2.2	4.9	0.7	2.7	1.9	4.0	11.0	–
	スワップ	292.0	120.7	13.6	58.8	9.1	20.2	3.6	8.1	1.2	18.4	1.3	17.0	–
2016	直物	127.4	47.9	12.7	11.2	5.4	2.9	6.2	0.9	3.6	2.5	5.1	7.1	
	スワップ	321.2	121.3	12.1	57.7	7.3	22.2	1.5	7.8	1.6	14.8	2.1	11.6	
2019	直物	115.0	46.3	8.4	16.9	8.1	3.1	4.8	0.9	2.0	3.0	4.7	7.4	
	スワップ	427.6	158.9	20.9	72.4	16.7	23.4	2.6	8.6	1.8	19.1	2.8	11.1	

（注）　「報告金融機関」取引の合計額。
（出所）　BIS, *Triennial Central Bank Survey*, 2013および2016, 2019より筆者作成。

　一方で，スワップ取引をみると，ポンド，スイス・フラン，クローナ，ズロティとクローネの5通貨すべてで，ドルとの取引の方がユーロよりも大きい。これは，これらの通貨とドルとの間での金利裁定取引（→第**2**章第**5**節）が，ユーロとの間よりも活発に行なわれていることを示している。為替リスクを回避しつつ，金利差を獲得するための手段として，ドルを一方とする為替スワップ取引が多く用いられているのである。

　ただし，ポンドやスイス・フランについては，対ユーロ取引で，スワップが直物を上回っている。これらの通貨については，ユーロを用いた裁定取引もある程度行なわれているということになる。しかし，ドルに比べると，ユーロを調達・運用する金融市場の規模はまだまだ小さいということがいえる。

　なお，ここでもロシアの状況は異なる。表6-3には対ドル取引しか数値がないが，ルーブルの取引は直物，スワップともドルを一方とするものが大部分であり，ユーロを一方とする取引は少ない。ロシアでは，為替媒介通貨として機能しているのはドルである。さらに，前節で見たように，ロシアにおいては，国際的な債権・債務関係も主にドルで形成されていた。すなわち，通貨体制の観点からは，ロシアはドル体制に属しているということが分かる。

各国の通貨政策におけるユーロの地位　　基軸通貨とは，外国為替市場における為替媒介通貨と，各国の為替相場制度における基準通貨と介入通貨，準備通貨としての性格をあわせもつ通貨のことである（→第**2**章第**6**節）。

表6-4　欧州各国の為替相場制度

分類	国名	為替相場制度（2019年4月末現在）
EU加盟国	デンマーク	ERM（為替相場メカニズム）に参加
	ブルガリア	ユーロに完全固定（カレンシーボード制）
	クロアチア チェコ ルーマニア ハンガリー	ユーロを基準とする管理変動相場制
	ユーロ導入国 ポーランド スウェーデン イギリス	変動相場制
EU加盟候補国 および 潜在的加盟候補国	コソボ モンテネグロ	「ユーロ化」
	ボスニア・ヘルツェゴビナ	ユーロに完全固定（カレンシーボード制）
	北マケドニア セルビア	ユーロに固定（クローリング・ペッグ制）
	アルバニア トルコ	管理変動相場制

（出所）　ECB, *The International Role of The Euro*, June 2019およびIMF, *Annual Report on Exchange Arrangements and Exchange Restrictions 2018*, April 2019をもとに筆者作成。

　最後に，各国の為替相場制度におけるユーロの地位を確認して，ユーロの現状を明らかにしよう。

　まずは基準通貨としてのユーロの地位である。**表6-4**は，ヨーロッパ各国の為替相場制度の一覧である。EU加盟国のうち，ERMに加盟しているデンマークに加え，ブルガリア，クロアチア，チェコ，ルーマニア，ハンガリーの6か国がユーロを基準通貨として，自国通貨のユーロに対する変動幅を固定，もしくは一定の範囲内に抑えている。ERMや，ユーロを基準とする管理変動相場制をとる国では，基本的に，介入通貨としてもユーロが使用されていると考えてよい。

　EU加盟国以外では，コソボとモンテネグロが，自国の通貨を持たずユーロを国内通貨として使用する，いわゆる「ユーロ化」国に分類されている。ボスニア・ヘルツェゴビナはユーロに自国通貨を完全固定している。北マケドニアとセルビアの両国も，完全固定ではないが，ユーロを基準通貨としている。

第 **6** 章　ユーロ体制の現状とユーロシステムの金融政策　103

表 6 - 5　各国の外貨準備に占めるユーロの比率（各年末）

（単位：%）

		2016	2017	2018
ユーロ非導入 EU 加盟国	ブルガリア	99.5	99.8	99.8
	クロアチア	83.1	85.1	87.0
	チェコ	53.8	65.9	60.3
	デンマーク	74.1	86.8	81.1
	ポーランド	27.3	30.3	29.8
	ルーマニア	77.9	67.5	66.0
	スウェーデン	33.3	35.0	34.3
	イギリス	43.9	49.4	53.4
その他 ヨーロッパ諸国	ノルウェー	27.0	25.7	30.2
	スイス	44.4	43.0	40.0
	ロシア	38.0	26.2	38.7
世界全体		19.1	20.2	20.7

（出所）　ECB, *The International Role of The Euro,* June 2019および IMF のデータを用いて筆者が作成。

　ヨーロッパ以外では，旧植民地等でヨーロッパと関係が深いアフリカなどの一部地域を除いて，ユーロを単独の基準通貨としている国はみられない。ただし，ユーロを含めた複数通貨によるバスケットを基準としている国はアジアや中東などに例がみられる。

　次に，**表 6 - 5** で，準備通貨としてのユーロの地位を確認しよう。世界各国の外貨準備に占めるユーロの比率はおおよそ 2 割程度であるが，ヨーロッパに限ればその比率はずっと高い。中東欧ではポーランドを除き 6 割以上であるし，北欧でもデンマークは 8 割を超えている。

　外貨準備の構成は為替相場制度と密接に関連している。自国通貨をユーロに固定しているブルガリアやデンマークのユーロ比率は非常に高い。管理変動相場制をとるクロアチアやチェコ，ルーマニアも，ユーロの比率が比較的高い。一方，変動相場制をとっているポーランドなどは比較的低い。

　しかし，ユーロを基準通貨と明示していない国であっても，自国通貨の為替相場の基準を事実上ユーロにおき，為替介入により為替相場を操作することがある。例えば，スウェーデンはこのような意味でユーロを基準通貨としており，世界的な水準よりも多くの割合のユーロを外貨準備で保有している。イギ

リスも半分以上の外貨準備がユーロである。

　基準通貨と介入通貨，準備通貨としてのユーロは，世界的にみればドルに次ぐ地位にあるが，その差は非常に大きい。ただし，ヨーロッパに限ればその役割は大きく，この面でもユーロの国際的な役割がヨーロッパを中心としたものであることが浮かび上がってくる。

| ユーロ体制とドル体制 |

以上，詳細にみてきたように，ユーロは，ロシアを除くヨーロッパの銀行間外国為替市場における為替媒介通貨であり，かつ，基準通貨，介入通貨そして準備通貨としても機能している。このような意味で，ユーロは，ロシアを除くヨーロッパにおける基軸通貨の地位にある。

　そして，EU 加盟国およびその周辺地域では，国際的な債権・債務関係が基軸通貨ユーロで形成されるユーロ体制が存在している。その一方で，ロシアはドルを基軸通貨とするドル体制に属している。

　ユーロ体制にある各国は，ユーロを導入している国はもちろん，導入していない国であっても，ユーロの動向に経済が大きく左右されるようになった。ドル体制のもとにある日本の経済が，自国通貨ではないドルの動向に大きく左右されるのと同じである。

　現在，基軸通貨と呼べる通貨はドルとユーロの 2 つである。ドル体制とユーロ体制はどのような関係にあるのだろうか。まず，地域的範囲において，ドル体制は北米や南米だけでなくアジア大洋州，アフリカ，ロシアなど世界的に広がっている。一方，ユーロは地域的な基軸通貨であり，ユーロ体制は EU 加盟国およびその周辺地域に限られる。

　次に，ユーロの基軸通貨としての地位そのものが，ドルの存在を基盤にしている部分が少なくない。ヨーロッパ各国の企業は，ユーロを中心としながらも，ドル建の貿易・サービス取引も行なっている。国際債による資金調達においても，まだ相当の部分がドル建である。銀行間外国為替市場において，ユーロは為替媒介通貨として機能しているが，基本的には直物取引が中心である。スワップ取引においては，ヨーロッパも含めて，依然としてドルを一方とする取引が支配的である。

　現在のユーロ体制は，ドル体制と排他的かつ対抗的な，通貨ブロックのよう

なものではないことに注意しよう。

3 ユーロシステムの金融政策

ユーロシステム
の 意 思 決 定
　この節では，ユーロ地域で実施される金融政策の基本的な仕組みについて検討する。

　EU 全体の金融政策を担うことが想定されているのは ESCB（欧州中央銀行制度）である。しかし，EU に加盟する28か国（2019年９月現在）のうち，ユーロを導入している国は19か国である。そのため，ECB とユーロ導入国の各国中央銀行（NCBs）から構成されるユーロシステムが，ユーロ地域における金融政策を担っている（表 6 - 6）。

　ECB の役員会は，総裁１名，副総裁１名，理事４名の全６名で構成され，ECB の日常業務を担い，ユーロシステムにおける政策の決定と実施において不可欠な役割を果たす。役員会を構成する全６名の任命は，欧州理事会が，欧州議会とユーロシステムの政策理事会に諮問の上で行なう。欧州理事会は EU 加盟各国の首脳，同理事会議長，および，欧州委員会委員長から構成される。なお，現在の ECB 総裁は，2019年に就任したクリスティーヌ・ラガルド氏である。

　ユーロシステムにおける金融政策の決定は政策理事会によって行なわれる。政策理事会は，ECB の役員会メンバー６名とユーロ導入国 NCBs 総裁19名の計25名で構成される。そして，政策理事会で決定されたユーロシステムの金融政策は，ECB の役員会による調整の下で，ユーロ導入国 NCBs によって各国ごとに具体的に実施される。このように，ECB とユーロ導入国 NCBs は，共同でユーロシステムの金融政策を決定・実施しているのである。

　他方，非ユーロ導入国を含む EU 全体の中央銀行間協力は，一般理事会を通して行なわれる。一般理事会は ECB 総裁および副総裁，EU 加盟国 NCBs 総裁28名の計30名で構成される。一般理事会はあくまで過渡的な機関であり，すべての EU 加盟国がユーロを導入すれば消滅することになる。

ユ ー ロ シ ス
テ ム の 目 標
　ESCB の最重要目標は物価の安定であり，基本的な任務は，①金融政策の決定と実施，②外国為替操作の

表6-6　ESCBとユーロシステム

	欧州中央銀行制度（ESCB）		
	ユーロシステム		非ユーロ導入国 NCBs（9行）
	欧州中央銀行（ECB）（役員会：総裁, 副総裁, 理事4名）	ユーロ導入国 NCBs（19行）	
政策の決定	政策理事会〔ユーロシステムの金融政策を決定〕		それぞれ独自の金融政策を決定・実施
	役員会6名が参加	ユーロ導入国の NCBs 総裁19名が参加	
政策の実施	政策理事会で決定された政策を, 役員会が実施・調整	政策理事会で決定された政策を, ECB と調整しつつ各国ごとに実施	
中央銀行間の協調	一般理事会〔ユーロ導入国と非ユーロ導入国との協調の場〕		
	総裁・副総裁が参加	EU の NCBs 総裁28名が参加	

（注）　2019年9月現在。金融政策に関わる主要機関のみ記載。
（出所）　ECB ウェブサイトより筆者作成。

実施, ③加盟国の外貨準備の保有と運用, ④決済制度の円滑な運営の4つである。

　ユーロシステムにおける物価目標は, HICP（ユーロ地域全体の消費者物価指数）によって計測される。HICP は, それぞれのユーロ導入国の消費者物価を, 各国の家計消費支出シェアにより加重平均することで計算される。2003年以降, ユーロシステムの物価安定目標は, HICP の年間上昇率を中期的に「2％未満, しかしその近辺」に維持することである（ユーロ導入時には単に「2％未満」であった）。

　物価安定という目標を実現するために, EU 条約は ESCB に強い独立性を保証している。現時点では, ユーロシステムは短・中期の実物要因および中長期の通貨要因の双方に注目しながら, 物価安定を実現させていく方針を表明している（「2本柱」戦略）。

　ユーロシステム　ユーロシステムに限らず, 一般に中央銀行は短期金融
　の金融政策手段　市場の金利を誘導し, 多数の波及経路を通して最終的に消費者物価に影響を及ぼそうとする。ユーロシステムは, EONIA（ユーロ翌日物平均金利）と, より期間の長い（1週間から12か月）EURIBOR（欧州銀行間取引金利）を短期金利の主要指標にしている。これらの金利を誘導するために, ユーロシステムは公開市場操作（オペレーション）と常設ファシリティという2つの手段を利用する。

公開市場操作には，① MRO（主要リファイナンスオペ），② LTRO（長期リファイナンスオペ），③調整オペ，④構造オペの4つがある。そのうち中心となる手段は，国債を担保に1週間資金を貸付ける MRO である。

他方，常設ファシリティには2つの種類がある。1つは，一時的な資金を民間銀行に貸出す「限界貸付ファシリティ」であり，もう1つは，民間銀行から一時的に預金を受入れる「預金ファシリティ」である。ユーロシステムが操作する主な金利は，これら2つの常設ファシリティ金利に MRO 金利を加えた合計3つである。

ところで，限界貸付ファシリティと預金ファシリティは，それぞれ EONIA の上限と下限を画する。この方式はコリドー（廊下）と呼ばれる。コリドーが成立する理由は準備預金制度に関連している。ユーロシステムでは，ユーロ導入を契機に準備預金制度が統一され，民間銀行は所要準備を各国 NCB に預け金として保有する必要がある。2011年12月以降，準備率は対象となる負債残高の1％である（ユーロ導入当初は2％であった）。準備が不足している民間銀行は通常は市中から，市場金利である EONIA で資金調達を行なうが，それが不可能な時に限界貸付ファシリティから借入れることができるため，限界貸付ファシリティ金利は EONIA よりも高くなる。逆に，余裕資金を保有する民間銀行は，その資金を預金ファシリティで運用することができるため，預金ファシリティ金利は EONIA よりも低くなるのである。

コリドーと EONIA の推移を確認しておこう（図6-3）。リーマンショック以前，下限を画する預金ファシリティ金利が1％以上と相対的に高く，コリドーの幅も広く維持されていた。また，EONIA は MRO 金利の水準に合わせて推移していた。これに対し，リーマンショック以降，3つの政策金利は全体として引き下げられた。

4 ECB による非伝統的金融政策

南欧危機後の
ヨーロッパ経済

この節では，ユーロシステムが2014年6月以降に導入した，いわゆる非伝統的金融政策について検討する。

まず，非伝統的金融政策が導入された当時の経済状況を確認しよう。ギリ

図6-3　ECB政策金利と市場金利（EONIA）の推移

（出所）　ECB (Statistical Data Warehouse) より筆者作成。

シャの財政粉飾問題（2009年秋）を契機とした南欧等の経済危機は、ECBによる政策対応を通じて沈静化しつつあった。ただし、ギリシャに対するIMF等による経済支援の返済期限が近づいており、危機が再燃する不安は残されていた。加えて、民間銀行による家計や非金融企業への貸出は、バランスシート調整も相まって停滞していた。ユーロ導入国全体の経済成長率は徐々に回復しつつあったものの、依然として低成長が続いていた。その結果、ユーロ導入国のHICP上昇率は低迷し、2014年には0.4％、15年には0.2％まで落ち込んでいた（表6-7参照）。

　こうした状況を念頭に、2014年6月以降、ユーロシステムはいわゆる非伝統的金融政策を開始した。主な手段は、マイナス金利、TLTRO（対象を絞った長期リファイナンスオペ）、および、公債の買入を中心とするAPP（資産買入プログラム）の3つである。

マイナス金利政策

　第1の措置は、2014年6月に開始されたマイナス金利政策である。マイナス金利政策とは、預金ファシリ

ティにマイナスの金利を設定する政策である。すなわち，預金ファシリティを通してユーロシステムに資金を預けた民間銀行は，逆に金利を支払わなければならない。これに加え，民間銀行がユーロシステムに保有する超過準備にも，マイナス金利が付されることになった。マイナス金利政策の狙いは，ユーロシステムへの預金を不利にすることで，民間銀行に対し，家計や非金融企業への貸出等へと資金を振り向けることを促すことであった。

前節図6-3で示したように，預金ファシリティ金利は，2014年6月にマイナス0.1%に引下げられたことを皮切りに，19年9月にはマイナス0.5%にまで引下げられた。ただし，19年10月末以降，超過準備の一部がマイナス金利の適用除外となった。

ところで，ユーロシステムによるマイナス金利政策は，のちに述べるAPPの前に，それも日本銀行などの主要先進国の中央銀行にも先んじて導入された。ハイパーインフレの歴史的経験からインフレに厳格なドイツが，ユーロシステムによる国債購入に強く反対していたことがその背景にある。

TLTRO（対象を絞った
リファイナンスオペ）
第2の措置は，マイナス金利政策と同じ2014年6月に導入された，TLTRO である。TLTRO は，有利な条件で民間銀行に長期資金を提供する政策であり，借り入れ可能な金額は当該銀行による家計や非金融企業への貸出とリンクしている。ただし，住宅ローンへの貸出は対象外となっている。このように，TLTRO も民間銀行による実体経済への貸出を促進することが狙いであった。

TLTRO の第1次は2014年6月，第2次は16年3月，そして第3次は19年3月に導入が公表された。満期は第1次と第2次が4年間であり，第3次は3年間である。また，第1次 TLTRO では融資を受けた民間銀行による貸出残高が一定の基準に満たない場合，借入金を全額早期に返済させる規定があった。これに対し，第2次以降の TLTRO ではこの規定がなくなり，逆に一定の融資基準を達成した民間銀行に，より有利な金利が適用されることになった。

APP（資産買入
プログラム）
第3の措置は，ユーロシステムが流通市場で各種資産の買入を行なう APP である。APP は，資産買入を通して民間銀行に資金を注入することで，やはり家計や非金融企業への貸出を促すことが狙いであった。対象となる資産は，カバードボンド（2014年10月以

降），資産担保証券（ABS, 2014年11月以降），公債（2015年3月以降），そして社債（2016年6月以降）へと拡張された。

2015年3月以降，APPのほぼ全額を占めるのは，公債（ユーロ導入国中央政府およびEU・ヨーロッパ機関による発行証券）を買い入れるPSPP（公的部門買入プログラム）である。PSPPにより，ECBへの出資割合（おおよそ各国の経済規模）に応じ，ユーロ導入国のNCBsは自国の国債を買い入れた。

APP導入以降，ユーロシステムは毎月600億ユーロの資産買入を行ない，2016年4月には毎月800億ユーロへと増額された。その後，毎月の買入額は2017年4月に600億ユーロ，18年1月に300億ユーロ，18年10月に150億ユーロへと減額され，18年12月には新規買入が停止された。APP終了後も償還を迎える資産への再投資は継続されている。ただし，2019年9月にはAPPの再開が決定された。

APPの結果，ユーロシステムの「金融政策による証券保有」残高は，2013年末の2359億ユーロから18年末の2兆6513億ユーロへと約11倍に増加した。前述のように，ユーロシステムにより保有される証券のほとんどは，PSPPを通してユーロ導入国のNCBsが買い入れた自国の国債とECBが買い入れた各国国債である。また，それらの買入額はECBへの出資割合に基づくものであったため，特にドイツ，フランス，イタリア，スペインのNCBによる買入額が多額になった。

```
┌─────────────┐
│ ユ ー ロ シ ス テ ム │
│ に よ る 非 伝 統 的 │
│ 金 融 政 策 の 効 果 │
└─────────────┘
```
では，ユーロシステムによる非伝統的金融政策は期待された効果をもたらしたのであろうか。まず，HICP上昇率は，ユーロシステムの目標に近づき，2018年に1.8%に達した。しかし，価格変動の大きい「食料品・エネルギー」を除くと，HICP上昇率は1%前後でほぼ変化がない（表6-7）。HICPの上昇は，ユーロシステムによる非伝統的金融政策よりも，原油などのエネルギー価格の変動から影響を受けているようにみえる。

民間銀行による家計や非金融企業への貸出は伸びたのであろうか（表6-8上段）。ユーロ導

表6-7　HICP上昇率　（年平均，％）

	2013	2014	2015	2016	2017	2018
全体	1.4	0.4	0.2	0.2	1.5	1.8
食料品・エネルギー除く	1.1	0.8	1.1	0.8	1.0	1.0

（出所）　ECB (Statistical Data Warehouse) より筆者作成。

第6章 ユーロ体制の現状とユーロシステムの金融政策 **111**

表6-8 ユーロ導入国の民間銀行が保有する各資産項目の残高

(単位：億ユーロ)

	2013年	2014年	2015年	2016年	2017年	2018年	18年/13年
家計への貸出（A）	52,227	52,039	53,097	54,493	55,988	57,415	1.10
非金融企業への貸出(B)	43,530	43,107	42,871	43,114	43,265	44,092	1.01
(A)＋(B)	95,757	95,145	95,969	97,608	99,253	101,507	1.06
所要準備（C）	1,033	1,065	1,131	1,174	1,229	1,268	1.23
超過準備（D）	1,169	790	3,808	7,065	11,868	12,526	10.71
預金ファシリティ（E）	483	273	1,731	4,394	6,825	6,359	13.16
(D)＋(E)	1,652	1,062	5,538	11,458	18,693	18,886	11.43

(注) 期末残高。家計・非金融企業への貸出は，自国を含むユーロ導入国の居住者に向けた貸出を指す。
(出所) ECB (Statistical Data Warehouse) より筆者作成。

入国の民間銀行によるユーロ導入国居住者（自国含む）への貸出残高は，2013年末時点で非金融企業向けが４兆3530億ユーロ，家計向けが５兆2227億ユーロ，合計９兆5757億ユーロであった。これに対し，2018年末時点ではそれぞれ４兆4092億ユーロ，５兆7415億ユーロ，10兆1507億ユーロであった。確かに家計や非金融企業への貸出は増加したものの，2013年末から18年末までにそれぞれ1.01倍，1.1倍，1.06倍になったに過ぎない。

　APP を通してユーロシステムの証券保有残高が約11倍になったことに鑑みれば，貸出の増加は期待されたほどの効果を生んでいないと言ってよいだろう。また，PSPP に基づく NCBs による自国国債の購入額が ECB への出資割合に基づくものであったから，非伝統的金融政策の効果は各国ごとに異なるものとなった。

　次に，民間銀行がユーロシステムに保有する預け金の残高を確認しよう（表6-8下段）。ユーロ導入国の銀行がユーロシステムに保有する超過準備と預金ファシリティは，2013年末時点で合計1652億ユーロであったが，2018年末には１兆8886億ユーロに達した。前述のように，マイナス金利政策の導入以降，超過準備と預金ファシリティにはマイナスの金利が設定されている。にもかかわらず，民間銀行は巨額の資金をユーロシステムに積み上げる形となっているのである。このことは民間銀行の収益圧迫と直結している。

　ユーロシステムの非伝統的金融政策が大きな影響を及ぼしたのは，ユーロ地域の国債市場であった。PSPP によってユーロシステムが国債を購入したこと

に加え，ユーロ導入国の民間銀行が国債購入に資金を振り向けたため，ユーロ導入国の国債利回りはさらに低下した。加えて，PSPP の結果，ユーロシステムが南欧諸国の国債を保有するようになり，そのリスクを引き受けたため，ソブリン不安はさらに緩和された。他方，ドイツ等の国債の利回りは，満期が短いものを中心にマイナスに陥るようになった。

5　ユーロシステムの決済機構 TARGET

ユーロの決済機構（TARGET）　この節では，ユーロの決済システムについて検討する。

ヨーロッパ通貨統合前，EU 域内の銀行間決済は，通常の国際決済（→第 **2** 章）と同様に行なわれていた。これに対し，ユーロ導入に伴い，TARGET（汎欧州即時グロス決済システム）と呼ばれるユーロシステムの決済機構が設立された。各国の民間銀行は，決済口座を ECB ではなく NCB に置くことになったために，独自の決済機構である TARGET が必要となったのである。TARGET は2007年には技術機構的に高度化され TARGET 2 に移行したが，基本的な決済の仕組みは同様であるため，以下では特に区別なく TARGET と記す。

ユーロ建貿易決済の例で TARGET による決済の仕組みをみていこう（図6-4）。ここでは，ドイツの輸出業者 A とギリシャの輸入業者 B が，ユーロ建貿易を行なうとする。

①まず，ギリシャの輸入業者 B は，（手形，小切手等を通じて）ドイツの輸出業者 A にユーロ建で代金の支払いを行なう。その結果，輸入業者 B がギリシャの銀行 Y に設定している口座から代金が引き落とされる。同様に，輸出業者 A がドイツの銀行 X に設定している口座にその代金が振り込まれる。

②次に，TARGET を通じた銀行

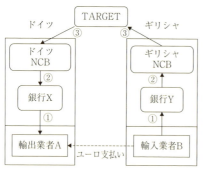

図6-4　TARGET を利用したユーロ建貿易の決済

（出所）　奥田宏司『国際通貨体制の動向』日本経済評論社，2017，172頁の図を参考に筆者作成。

間決済が行なわれる。すなわち，銀行YがギリシャNCBに保有する預け金からその金額が引き落とされ，銀行XがドイツNCBに保有する預け金にその金額が振り込まれる。このように，銀行Xと銀行Yの決済は，両行がそれぞれのNCBに持つ預け金を通して行なわれる。

③最後に，ギリシャNCBとドイツNCBの間での決済が必要になる。ドイツNCBはユーロシステムへの債権を，ギリシャNCBはユーロシステムへの債務をもつことになる。このようにしてNCBがユーロシステムに対してもつ債権・債務は，"TARGET Balances"と呼ばれる。TARGET Balancesの形成により，国際取引の決済が「完了」するのである。

| 預け金の補充と TARGET Balances の 変 化 |

前項の例（図6-4）では，ギリシャの銀行YがNCBに保有する預け金を減少させた。しかし，準備預金制度により，銀行Yは預け金を補充するために資金を調達しなければならない。

まず，銀行Yは自国ギリシャの短期金融市場で資金調達を行なうかもしれない。しかし，ギリシャが輸入超過であれば国内の資金需要は大きく，短期金利は上昇する。国内での資金調達が不利になれば，銀行Yは他のユーロ導入国で資金調達を行なうであろう。

もしドイツが輸出超過であり短期金利が低ければ，ギリシャの銀行Yはドイツで資金調達を行なうであろう。銀行Yが，今度はドイツの銀行Xから借り入れを行なったとしよう（図6-5）。まず，銀行XがドイツNCBに保有する預け金が減少し，銀行YがギリシャNCBに保有する預け金が増加する（①）。最終的に，ドイツNCBにおける債務のTARGET Balancesが増加し，ギリシャNCBにおける債権のTARGET Balancesが増加する（②）。図6-5での資金の流れは，図6-4とは逆になっていることを確認しよう。これにより両国NCBsのTARGET Balancesが一定相殺され，「均衡化」に向かうのである。

また，前項の例で預け金を増加させたドイツの銀行Xは，相対的に金利の高いギリシャで余裕資金を運用するかもしれない。この場合にも，資金の移動は図6-5と同様になる。

ここで重要な点は，TARGETを通して民間銀行によるクロスボーダー資金

図6-5 TARGETを利用した民間銀行の資金貸借

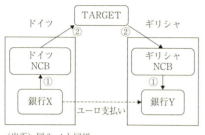

(出所) 図6-4と同様。

貸借がスムーズに行なわれる結果、ユーロ地域で共通の短期金融市場の金利（EONIAとEURIBOR）が成立するという点である。ギリシャの銀行がドイツの短期金融市場で資金調達を続ければ、ドイツの短期金利が上昇する。逆に、ドイツの銀行がギリシャで余裕資金の運用を続ければ、ギリシャの短期金利は低下する。こうしてユーロ導入国の短期金利は平準化に向かう（裁定が働く）。

最後に、もしギリシャの銀行Yが、短期金融市場でユーロ資金を十分に調達できない場合はどうであろうか。この場合、ギリシャの銀行Yは、ユーロシステムの限界貸付ファシリティを利用し、ギリシャNCBを経由して借り入れを行なうことになる。その結果、ECBは債権のTARGET Balancesを、ギリシャNCBは債務のTARGET Balancesと銀行Yへの債権をもつことになる。このように、民間銀行によるNCBからの借り入れは、NCB単独ではなくユーロシステムからの融資となる。言い換えれば、NCBは「最後の貸手」機能を事実上失っているのである。

TARGET Balancesの急増　さて、ここまでの議論を国際収支（→第1章）の視点からみてみよう。図6-4の例でみたユーロ建貿易取引だけでなく、経常収支と金融収支に関わるユーロ建取引によっても、TARGET Balancesは形成される。もしギリシャにおけるこれらの合計が赤字であれば、ギリシャNCBに債務のTARGET Balancesが形成される。ギリシャのユーロ建経常収支が赤字でも、ユーロ建金融収支が黒字であれば、ギリシャNCBが持つTARGET Balancesはその分相殺される。しかし、ユーロ建金融収支の黒字による相殺が十分でなければ、ギリシャの民間銀行がユーロシステムから資金調達を行なうことで形成された債務のTARGET Balancesにより、差額分は「自動的に」ファイナンスされる。したがって、ユーロ導入国の他のユーロ導入国に対する国際収支は「経常収支＋資本移転等収支－（外貨準備を除く）金融収支＝TARGET Balances」と表現できる。

第 **6** 章 ユーロ体制の現状とユーロシステムの金融政策　**115**

図 6-6　ユーロシステム内の TARGET Balances

（億ユーロ）

ドイツ　　フランス
イタリア　スペイン
ECB

2009　10　11　12　13　14　15　16　17　18（年）

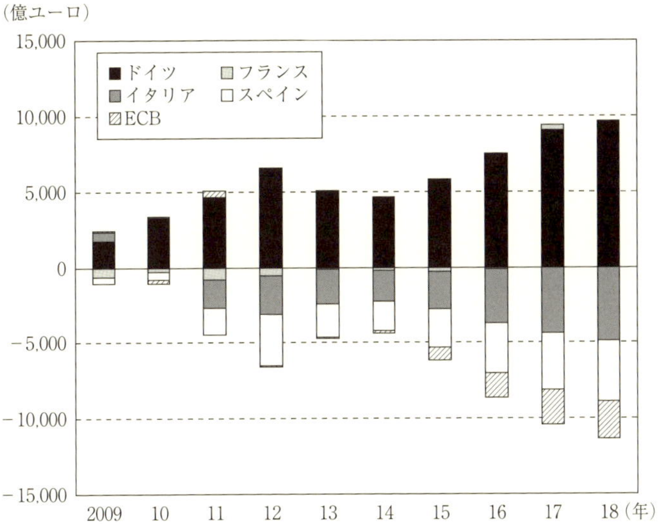

（注）　期末残高。
（出所）　ECB（Statistical Data Warehouse）より筆者作成。

　このように，ギリシャ等のユーロ建での「経常収支＋資本移転等収支－（外貨準備を除く）金融収支」が赤字であっても，TARGET Balances による「自動的な」ファイナンスが行なわれ，逆にドイツ等が持つ債権の TARGET Balances はそのまま累積する。事実上「決済」は行なわれていないのである。

　最後に，TARGET Balances の現実の推移を確認しよう（図6-6）。2009年時点で，TARGET Balances は相対的に小さかった。しかし，その後12年までにドイツ NCB の債権の TARGET Balances，それ以外の NCBs がもつ債務の TARGET Balances が急激に拡大している。これは南欧等の経済危機の発生により，南欧等がもつユーロ建経常赤字が増加しただけでなく，それらの国から多額の資金流出が生じ，ユーロシステムがこれらの国に多額の融資を行なった結果である。つまり，ユーロシステムが「最後の貸手」機能を果たし，TARGET Balances が急増したのである。これに伴い，TARGET がはらむ問題が認識され，ヨーロッパで論争が展開された。

　その後，TARGET Balances の不均衡は2014年までに縮小したが，15年から

再び大幅に拡大している。この拡大は，ユーロシステムによる PSPP を通して，ユーロ導入国の NCBs が自国だけでなく他国の居住者からも自国国債を買い入れた結果である。例えば，イタリア NCB がドイツの銀行から，あるいはドイツにユーロ口座を保有しているイギリスの銀行から自国国債の買入を行なうと，最終的にイタリア NCB は債務の TARGET Balances を，ドイツ NCB は債権の TARGET Balances を抱えることになるのである。

TARGET は，ユーロ導入国の民間銀行の決済口座を，ECB ではなく NCBs に置くことになったために必要となった決済機構である。ユーロ導入国の NCBs が存続する限り TARGET は維持されなければならず，その結果，ユーロ導入国の他のユーロ導入国に対する国際収支は，常に TARGET Balances という形で可視化される。今後も TARGET Balances は議論の的になり続けるであろう。

【参考文献】

①奥田宏司（2002）『ドル体制とユーロ，円』日本経済評論社：「ドル体制」が主要テーマとなっているが，そのなかで進行したユーロの基軸通貨化を詳細に説明している。TARGET Balances の問題点をユーロ発足当初から指摘していた論考も含まれる。

②奥田宏司（2017）『国際通貨体制の動向』日本経済評論社：①の続編となる最新の論考。第 6 章では TARGET Balances について丁寧に説明しつつ，南欧危機とユーロ体制の現実について論じている。

③奥田宏司（2018）「ユーロシステムの「公的部門買入プログラム」（PSPP）について」『立命館国際研究』31 巻 2 号：ユーロシステムの PSPP がユーロ地域の経済に及ぼした影響を検討している。

④代田純（2018）「マイナス金利政策の功罪―ドイツと日本の比較」『経済学論纂』（中央大学）58 巻 5・6 合併号：ユーロシステムと日本で導入されたマイナス金利政策について，ドイツと日本への影響を比較検討している。

[田中綾一（第 1 節，第 2 節），石田周（第 3 節～第 5 節）]

第7章 新興国の金融問題

　経済発展を目指す途上国・新興国は，開発資金をどのように調達するかという課題を抱えてきた。21世紀にBRICs（ブラジル，ロシア，インド，中国）が台頭し，アフリカには，残された最後のフロンティアとしての期待がある。期待の大きな国・地域には資金が流入する一方，時に大国の政策変更などによる資金流出が危機を生むことがあった。現在も，新興国の債務は大きな問題をはらんでいる。新興国の直面してきた金融問題を振り返り，危機を避けるために過去から学ぶべき教訓を確認しよう。

1　途上国と開発金融

世界銀行とODA

　第二次世界大戦後の新しい独立国など発展途上国のインフラ整備に長期資金を融資する開発金融のため，世界銀行（国際復興開発銀行）や国際開発協会（IDA）が活動してきた。また，地域ごとの開発金融機関として，1959年に米州開発銀行，64年にアフリカ開発銀行とアジア開発銀行が設立されている。

　さらに，OECD（経済協力開発機構）の下に設置されたDAC（開発援助委員会）において，途上国支援のためのODA（政府開発援助）が行なわれるようになった。ODAとは，グラント・エレメント（GE）が25％を超え，譲許的な性格をもつものとされた。例えば，融資の条件について，低金利で，据え置き期間が長く，返済期間が長期であるほど，GEは高くなる。ただし，基準として想定された10％という割引率（利子率）は2018年まで改訂されておらず，これをはるかに下回る今日の市場金利実勢の下で，商業ローンとの区別が困難になった。こういった課題は，「ODAの再定義」として検討されてきた。

民間資金の流入

　1970年代に石油危機が起こり，産油国の受け取った原油輸出代金がオイルマネーと呼ばれてユーロダラー市場で運用されるようになると，オイルマネーの還流が課題となった。例えば，

これを原資とした民間銀行による非産油発展途上国への融資もその一環だったが，これは1980年代に累積債務危機の背景となった。

その後，外国企業による発展途上国への直接投資が増加し，ODA などの公的資金を上回って，開発に果たす民間資金の役割が増した。

途上国の側で，証券取引所の設立や国営企業の民営化などによって新たな資金調達をはかるケースも生まれ，1990年代以降には先進国の民間資金が株式投資としても途上国に流入するようになった。最近では，外国への出稼ぎや移民による送金も ODA を上回るようになり，直接投資と並んで開発資金としての役割を期待されている。

2 1980年代中南米の累積債務危機

危機の要因

1970年代に借り入れた開発資金について，80年代に入って返済不能（デフォルト）となる発展途上国が急増した。メキシコに端を発し，中南米諸国などに「伝染」した1980年代の累積債務危機は，今日においても学ぶべき教訓を残している。

世界銀行の *World Debt Tables* によると，発展途上国の債務残高は1982年に8414億ドルだったが，87年末に1兆2181億ドルに達した。うち中南米が4112億ドル，ブラジル，メキシコ，アルゼンチンの中所得3か国で過半の2270億ドルを占めた。デット・サービス・レシオ（DSR，元利支払い額／財・サービス輸出額，％）は20％を超えると困難に陥ると言われるが，中南米諸国では1982年に51.6％，87年末に35.5％となった。

デフォルト（債務不履行）を引き起こしたメキシコ危機の原因は当初，国内経済の脆弱性や「遅れた」構造にあるとされた。だが，それら成長志向の資源国にオイルマネーを貸し込んだ1970年代における米銀や，国際化を目指してこれに追随した邦銀（日本の銀行）の行動も，危機の要因だった。また，1970年代に2度の石油危機で高騰していた資源・エネルギー価格が80年代に入って想定外の反落を見せたことも，危機の要因として追加できる。産油国メキシコには原油輸出能力が見込まれていた。

図7-1　国際マネーフローの逆転

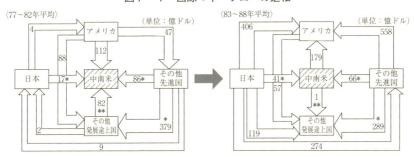

(注)　＊公的・民間フローの合計（DAC資料）。
　　　＊＊貿易フローからの単純推計。
(出所)　OECD, *Geographical Distribution of Financial Flows.*
　　　　IMF, *Direction of Trade Statistics.*
　　　　U. S. Dept. of Commerce, *Survey of Current Business.*
　　　　日本銀行『国際収支統計月報』，通商産業省『通商白書平成2年版』。

国際マネーフローの逆転　だが，アメリカの政策転換による異常な高金利と国際マネーフローの逆転は，危機のより大きな要因だった。それまで世界に資金供給してきたアメリカが，1983年には資金流入国に転じたのである（図7-1）。

緊縮政策によるインフレーション克服のため，政策金利のFF金利は1980年に21.5％まで上昇し，失業率も82年第4四半期に戦後最悪の10.7％を記録した。また，財務省は為替市場への介入を停止するクリーン・フロート政策に転じた。

レーガノミクスで「小さな政府」がうたわれたが，減税と軍事支出拡大によって財政赤字は拡大し，政策は金融政策に依存した。その政策転換がマネーフローの逆転を引き起こし，世界に大きな影響を与えた。

救済機関としてのIMF　IMFはそもそも各国に固定相場制を守らせるための機関だったから，主要国が変動相場制に移行した1973年以降に存在意義を失っていた。ところが，中南米債務危機に際してIMFは，経済危機打開のアドバイスを行ない，資金供給するという新たな役割を見出した。

だが，融資やリスケジューリング（債務繰り延べ）を受けるための条件であるコンディショナリティは，ほぼ一律に為替切り下げと緊縮的なマクロ経済政

策を主要内容とし，各国事情を考慮していないと批判された。さらに，1986年創設の構造調整ファシリティ（SAF）と87年の拡大構造調整ファシリティ（ESAF）では，国営企業の民営化，金融の自由化，規制緩和など，ミクロ構造調整も要求された。1989年，これらの政策枠組みを国際経済研究所のJ.ウィリアムソンは10項目にまとめて「ワシントン・コンセンサス」と呼び，ワシントンD.C.に拠点を置く世界銀行やIMFのエコノミストたちに共通した考え方だとして批判した。

　不況下に緊縮財政をとって危機が深刻化したため，1985年ベーカー提案以降，87年メニュー・アプローチ，88年宮沢構想，89年ブレイディ構想などにおいて，債務の株式化（デット・エクイティ・スワップ）による元本削減やニュー・マネーを注入するアプローチへの転換があった。すなわち，デット・サービス・レシオ（DSR）等の状況によっては元本削減なしに返済困難であり，緊縮財政政策で経済が疲弊すれば債務返済できなくなること，新規の資金導入や拡張政策が有効な場合もあることなどが，確認された。

　だが，不況下の緊縮財政は，IMFの政策パッケージとして，その後に東アジアの通貨危機でも繰り返された。IMFはその一部を「自己批判」したものの，1980年代累積債務危機の教訓が学ばれてきたとは言いがたい。なお，世界銀行も『世界開発報告2001—貧困との闘い』において，それまでの構造調整政策が貧困削減において有効でなかったと述べている。世界銀行の構造調整融資は2004年に終了し，「開発政策融資」と改称された。

　世界銀行は1992年，中所得国について債務問題の終息を宣言したが，中南米諸国にとって80年代は「失われた10年」となった。また，低所得HIPC（重債務途上国）の問題はむしろ深刻さを増した。

3　1990年代の通貨危機

東アジア通貨危機

1990年代に金融グローバリゼーションの進展とともに，世界は繰り返される通貨危機に揺れた。通貨が暴落し，輸入品価格は高騰し，債務を返済できない企業が倒産した。経済社会の大混乱が相次いだのである（表7-1）。

世界銀行が，高い貯蓄率，教育の普及，適度な政府介入による成功を「東アジアの奇跡」と称賛したのは1993年のことだった。一方で，生産要素，とくに労働力の投入に頼って技術進歩と生産性上昇がないため，いずれ破綻する「幻想」だというP. クルグマンの議論も提起されていた。こうしたなか，1997年7月，タイバーツに始まった通貨危機が連鎖（伝染）した。

表7-1　通貨・経済危機の連鎖

1992-93	欧州通貨危機
1994	メキシコ通貨危機
1997-98	東アジア通貨危機
1998	ロシア危機
1999	ブラジル通貨危機
2001-02	アルゼンチン通貨危機

（出所）　筆者作成。

　タイは1991年に資本移動規制を撤廃し，93年にはバンコク・オフショア金融センター（BIBF）を創設して対外金融開放を進め，外国銀行の進出と国内貸付を認めた。米ドルと為替相場を連動させるドル・ペッグによって外資導入に拍車がかかり高成長が実現した。だが高成長を前提にして進められた投資が次第に外資の短期資金流入によってファイナンスされる一方，不動産・株式市場でバブル的な加熱が起きた。

　他方で，人民元安に続く円安傾向もあって，対中，対日の競争力が損なわれ，1996年には経常収支赤字が拡大した。為替相場を固定していたため，96年にタイバーツは3割程度の過高評価となったが，外貨建借入れの返済負担が増すため切下げに踏切れなかった。1996年末ごろから，高すぎるとみられたバーツを売る動きが強まった。投機筋は，1ドル＝25バーツに固定された相場でバーツを借りて空売りした。例えば3か月後に35バーツ程度に値下がりしていれば，安くバーツを調達して返済し，その差額を利益にできる。1997年7月にバーツ売りの為替投機が強まると，通貨当局はドルを売ってバーツを買い支えたが，250億ドルあった外貨準備が枯渇すると，ドル・ペッグは放棄され，変動相場に移行した。相場は数日で30バーツまで下落した後，98年1月には50バーツを割り込んだ。これは「血まみれのバーツ」と呼ばれた。

　経済構造が似ていると見られたマレーシア，フィリピン，インドネシアにも危機が波及し，割高感のあった香港ドルにも売りが及んだ。12月にはチェボル（財閥）中心の経済構造をもち，総合金融会社を通じて外貨建借入れによって過大な投資を行なっていた韓国も破綻した。IMFは580億ドルの緊急融資を決めたが，東アジア通貨の全面安，株価下落は続いた。インドネシアではIMF

融資の条件遵守に消極的だったスハルト大統領が当選した3月から，退陣した5月までさらに混乱が続いた。

マレーシアのマハティール首相はヘッジ・ファンドなどの投機筋を批判し，独自の政策対応を行った。すなわち，IMF融資を受入れず，1998年8月に固定相場に復帰した。その際，資本移動規制が強化され，非居住者によるリンギの外貨への交換が許可制となり，1年間はリンギ建て預金で保有すべきものとされた。これは，1999年2月，投資後7か月以内に国外送金される場合には30％の高率課税を課し，7～9か月では20％，1年超では0％とする課税措置に変更された。また，1998年6月に設立された「ダナハルタ」が金融機関から不良債権を買い取り，8月に設立された「ダナモダル」が金融機関に資金注入して再生をはかることになった。これらの措置は当初批判にさらされたが，実は理にかなっており，その後の各国の政策対応の模索を先取りするものでもあったことに留意されるべきである。

ロシア危機とLTCM危機

1998年8月にロシアでルーブル切下げ，短期国債400億ドル償還の90日停止（事実上のデフォルト）とキリエンコ首相解任などの政局混乱がロシア危機を引き起こし，ロシアへの投資の多い欧州で株価が暴落した。原油・資源価格の低下予想が中南米の資源国にも飛び火し，ダウも7月の最高値から2割近い下げとなった。ロシア危機に際し，FRB副議長やノーベル経済学賞受賞者を擁して「ドリーム・チーム」と呼ばれたヘッジ・ファンド（LTCM）がロシア国債への投機に失敗して巨額の損失を出していた。当局は，これに出資していた大手行十数社に「奉加帳方式」で救済資金を拠出させ，危機に対処した。J.バグワティは1998年，経常（貿易）取引の自由化は進めるべきだが，資本（金融）取引も同様に進めるべきだとはいえないとして，「ワシントン・コンセンサス」を生み出した「ウォール街＝財務省複合体」を批判した。

通貨危機とドル・ペッグ

金融のグローバル革命の中で，東アジア地域に容易に資金が流れ込んだ事情として，資本移動規制の撤廃，証券取引所の外資への開放，ドル・ペッグによる為替リスクの低減などがある。世界経済と直結し，グローバリゼーションの波に乗ることを選択する国が増えたのである。

ドルと自国通貨価値を連動させるシステムのうち，もっとも徹底したものが香港のカレンシー・ボード制である。この制度では，中央銀行が発券するのでなく，3行ある発券銀行（香港上海銀行，スタンダード・チャータード銀行と，中国銀行の香港支店）が，為替基金に対し固定レート（1米ドル＝7.8香港ドル）で外貨（米ドル）を預託し，同額の香港ドルを発券する。したがって，外資流入が減少すれば，発券額つまり流通するマネーも減少して金利が上昇する。1997年10月の香港ドル急落に対して一時25％まで短期金利が上昇し，固定レート死守の決意が示された。高金利の結果として，1998年冬に不動産相場は前期比24％と急落した。

タイやシンガポールの採用した制度は，ドルを含む複数通貨のバスケットに対して自国通貨価値を連動させたものだったが，ドルのウェイトが大きいので，実質的なドル・ペッグだった。ドル基準で運用を考える世界の投資家にとって，ドル相場に連動する投資なら為替リスクゼロと見なされ，資金を呼び込みやすい。

しかし，東アジア諸国でアメリカのインフレ上昇率を上回れば，各国の実質為替レートは米ドルに固定された名目為替レートから乖離（かいり）する。また，過大な資金流入が生産活動で吸収されなければバブル化して資産価格が高騰する。他方で，物価上昇に合わせて名目為替レートが切り下げられれば，外貨建てで借り入れている企業の返済負担は増す。また，切り下げによって世界の投資家に為替差損を与えれば，資金流入の減少や資金流出を招きかねないから，切り下げは回避されたのである。

| 通貨危機への見方 | ドル・ペッグの下で資本移動を自由化すると，金融政策が無効になる。資金流入維持をねらって金利を引き |

上げると景気の悪化や株式・債券の下落につながり，かえって資金を流出させかねない。あるいは逆に，景気過熱を抑えようとして金利を引き上げると，高金利をめざして資金が流入し，さらに景気を過熱させるかもしれない。これは金融政策が有効に働かないケースであり，後にマンデル＝フレミング・ジレンマや国際金融のトリレンマの観点から振り返ろう。

実質為替相場の割高な状態が続けば，貿易収支や経常収支の黒字減少・赤字増加が生まれる。それでも切り下げがなければ，資金流出，現地通貨売りの殺

到が急激な通貨の下落，すなわち通貨危機を引き起こす。しかし，対応可能な政策はその時点でほとんど失われている。グローバル経済とのリンクは，自国の政策的自律性を大幅に譲り渡すものなのである。

　通貨危機の発生を，各国のかかえた通貨と期間のダブル・ミスマッチという要因から説明できる。1つには外貨で資金調達して国内で投資する通貨のミスマッチがあり，ここに為替リスクが発生した。2つ目に，短期で借りて中長期の投資を行なう期間のミスマッチがあり，ここに流動性リスクが発生した。前者については，ドル・ペッグ制があてにされ，リスク管理がおろそかになっていた点が危機を増幅した。これは発展途上国が自国通貨で長期の開発資金を調達できない弱点を抱えているから生じた問題であり，アイケングリーンはこの弱点を「原罪」と呼んだ。

　通貨危機へのもう1つの説明として，そういった根拠がなくても，「値下がりする」と思って皆が売り浴びせれば，予想通りの暴落が「自己実現（自己成就）」的に生ずるという側面もあった。

　いずれにせよ，資金の流入も，また流出も急速だった。すなわち，東アジアの成長をもたらしたグローバリゼーションと急速な資金流入は，同時に東アジアに通貨危機をもたらしたグローバリゼーションと急速な資金流出のメカニズムでもあった。この点は，グローバル化に対していわば周回遅れのランナーとして登場した中国と比較すれば，より際立つことになる。

　中国経済は成長率を落としつつも，直接に通貨危機に見舞われなかった。中国が無事だった事情としては，グローバリゼーションの波に乗り遅れたことが幸いした。すなわち，中国が金融制度の整備に遅れをとり，資本規制を撤廃できておらず，人民元に交換性のなかったことが，危機の波及を食い止めた。中国は1996年にIMFの8条国となって経常取引の自由化を進めたが，資本取引では規制を残していたのである。

　なお，1994年の人民元切下げは東アジア通貨危機の要因となった。中国の本格的な競争参入によって，東アジアNIESがそれまでもっていた為替面での輸出競争力が相対的に低下し，貿易収支，経常収支の黒字減少や赤字増加に影響を与えたと考えられる。

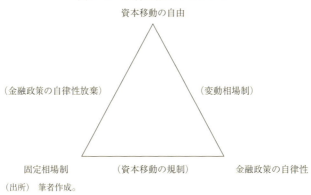

図7-2　国際金融のトリレンマ

(出所)　筆者作成。

**国際金融の
トリレンマ論**　以上見てきたように，資本が自由に移動する今日の金融グローバリゼーションの下では，為替相場の乱高下をきらって固定相場（ドル・ペッグ）をとるなら，金融政策の自律性をあきらめるか，資本移動規制を行なうべきことになる。

国際マクロ経済学におけるマンデル＝フレミング理論（マンデル＝フレミング・ディレンマ）を，「国際金融のトリレンマ」という考えに置き換えることができる。これは，①自由な資本移動，②為替相場の固定，③自律的な金融政策の3つは同時に成立せず，いずれか1つは断念しなければならないというものである（図7-2）。例えばブレトンウッズ体制とは，①資本移動を規制することによって，②為替相場の固定と③自律的金融政策を得る体制だった（表7-2）。

今日のグローバリゼーションを主導した金融のグローバル革命とは，資本規制の撤廃とその世界的波及を意味する。これによって制度と協定によるブレトンウッズ体制は，ユーロ市場を基礎とする体制に転換することになった。ブレトンウッズ体制の変容と資本移動規制撤廃による新しいシステムにおいて，①自由な資本移動の下でも，②固定場制を放棄することで，③金融政策の自律性を確保できるはずだった。しかし，危機に見舞われたアジア諸国のいくつかは，①資本の流入をはかるため，②ドル・ペッグによるドルとの固定相場制をとっており，③金融政策運営の自由度は失われていた。

中国では，①資本規制を残していたために，②為替管理を行なって相場を固

表7-2　トリレンマ論からみた通貨制度

	固定相場制		変動相場制	
	ブレトンウッズ	東アジア	（理念型）	（現実）
	中国，マレーシア	ユーロ圏	レーガノミクスⅠ期	各国
為替相場の固定	○	○	×	△
資本移動の自由	×	○	○	○
金融政策の自律性	○	×	○	△

（出所）　筆者作成。

定していたが，③バブル化に対して引締め策をとる余地が残されていたと考えられる。

4　21世紀の新興国経済

21世紀の新興国
と「成長循環」

新興国台頭の論理と意義を確認しておく必要があろう。BRICs（ブラジル，ロシア，インド，中国の4か国。南アを加える場合もある）という語は，投資銀行のゴールドマン・サックスが2001年の報告書で初めて用い，03年の報告書「BRICsと夢見る」で世界に広め，新興国の代名詞となった。その際，BRICs台頭の理由として指摘されたのが，巨大な人口（市場としての魅力）と豊富な資源保有だった。だが，かつて過剰人口はインドと中国の貧困を説明する事情だったはずである。また，資源・一次産品に依存した経済発展戦略は交易条件が悪化するので不利だとされてきたはずであり，資源をもつことがかえって災いするという「資源の呪い」説もある。

　人口規模と消費市場としての役割が注目されたのは，新興国台頭の局面が過剰生産と資源不足あるいは需要不足と過剰資本という特徴をもったからだろう。そもそも1997年通貨危機後に刷り込まれた東アジア諸国における外貨準備の蓄積（貯蓄過剰）がアメリカへの輸出拡大を生み，アメリカの過剰消費を支えた。これを「グローバル・インバランス」と呼ぶ。しかも生産過剰は資源需要を増大させ，原油，資源，食糧の価格が高騰する地合いをつくる。その生産が，中国など資源浪費型の地域で行なわれれば，資源消費量はいっそう増大す

図7-3 成長循環とリスク循環

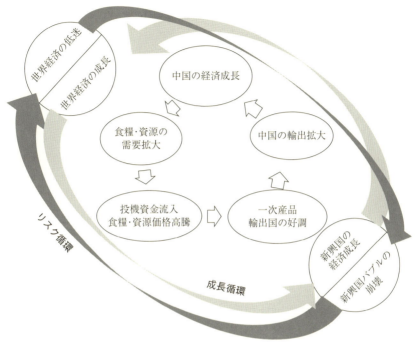

(出所) 筆者作成。

る。ロシアやブラジルのような資源輸出国が新興国としてBRICsに含まれるのは偶然でない。

　中国の成長と「爆食」が続く限り他の新興国も成長できるという，中国を結節点とした食糧・資源価格の「成長循環（成長サイクル）」がここに埋め込まれている。

　中国，インドの成長が続く限り，資源・食糧・エネルギー価格の上昇が見込まれ，ブラジル，ロシアなど資源輸出国の成長が加速する。それら諸国の輸入が増加すれば，中国の輸出と成長も加速するといった「成長循環」が成立していた。逆に，中国の成長鈍化は，新興国の「成長循環」を「リスク循環」に転換させる。中国が買わなくなれば，資源・エネルギー価格の上昇予想が成り立たない。

| リーマン・ショック
後の新興国と資金流出 | 2008年リーマン・ショック直後の9月に，新興国を交えたG20で危機対策が話し合われ，中国が11月に4兆

元の内需拡大策を打ち出すと，新興国への期待が高まった。危機対応のための
量的緩和政策など，先進国における金融政策依存，それによる資金流入も新興
国の好調を演出した。

　だが，局面の転換次第で新興国依存の世界経済は不安定化する可能性を蓄え
始めていた。実際，2013年5月，FRBのバーナンキ議長が将来におけるQE
（量的緩和）停止（tapering）の検討を口にしただけで，新興国から資金が流出し，
通貨と株価を急落させる市場が相次いだ。この「バーナンキ・ショック（テー
パー・タントラム）」以降，2014年10月のQE停止などに際して，資金流出によっ
て脆弱性をさらけ出したブラジル，インド，インドネシア，トルコ，南アフリ
カなどの新興国は「フラジャイル5」（脆弱な5か国）と呼ばれた。インフレ率，
財政赤字，経常収支赤字などのファンダメンタルズ（基礎的指標）に脆弱性を
抱えた諸国の通貨で下落率が高かった。2015年6月ごろからの「チャイナ・
ショック（人民元ショック）」でも，上海株の下落，人民元基準値の切下げや中
国経済の先行き不安から，各国に同様な影響が及んだ。FRBが2015年12月に
ゼロ金利を解除し利上げに転ずると，利上げを迫られる新興国が多かった。
2018年8月には通貨と株価の急落が新興国を襲う「トルコ・ショック」が起き，
これは南アフリカ，インドネシア，アルゼンチンなどにも波及した。アルゼン
チンはIMFへの融資枠500億ドルの支援を要請した。トルコとアルゼンチンが
共通して抱えていたのは，対GDP比5％を超える経常収支赤字と外貨準備の
4～5倍に相当する外貨建て対外債務だった。

| 新興国の危機への耐性 | BISによれば，世界の債務は2007年から18年に1.6倍
の180兆ドルとなった。新興国債務は54兆ドル（うち

中国が33兆ドル）で，これは2007年の3倍であり先進国の1.3倍と比べて伸びが
大きい。

　新興国が資金流出に際して通貨危機に陥ることなく対処できるのか，その耐
性が問われる。貿易収支の黒字を稼ぐことのできる経済構造，外資流入に頼ら
ない経済運営，外貨準備の大きさ，外貨資金調達の枠組みの整備などが，焦点
になろう。ただし，以上は対外債務を拡大しすぎないという前提のうえであ

る。

第1に，資源・一次産品依存度が高ければ，資源価格低迷期の落ち込みが大きい。原油・ガスの輸出が7割を占めるロシアや，資源・農産物輸出依存度を高めて産業構造転換できなかったブラジルをはじめ，インドネシアやマレーシアなどで通貨下落の背景となった。

第2に，外資への依存を前提とした経済運営を行なう国では耐性が低い。その例が中東欧諸国，アイルランド，南欧諸国にみられた。外資流入に依存していたために，資本逃避にあえば，財政を緊縮化しなければならず，景気は悪化して経済危機に陥る。

第3に，1990年代末の通貨危機以降に，多くの国で外貨準備は大幅に積み増しされ，数倍から十数倍規模にまで拡大した。ただし，そのための輸出志向の高まりという問題も生まれた。

第4に，外貨資金供給の枠組み整備である。地域スワップ協定，2国間通貨スワップ協定，IMFのフレキシブル・クレジットライン（FCL）などを用いれば，各国は外貨資金をある程度追加調達できる。

例えば東アジア通貨危機後のASEAN＋3の財務大臣会議において2000年，外貨を自国通貨とスワップ（交換）して調達できる13か国よる「チェンマイ・イニシアチヴ」（CMI）が成立した。これをアジア通貨基金（AMF）創設につなげる試みは，アメリカの干渉で頓挫したが，2国間協定の束だったCMIは2010年に多国間（マルチ化）協定（CMIM）となり，14年7月に2400億ドルへ資金を倍増し，IMF融資とリンクせずに利用可能な枠が20％から30％に引き上げられた。日本との2国間協定でも，失効していた日中間の通貨交換協定再開が2018年10月に決まり，日印間は19年2月に再開された。ほかに，日本とは2016年に豪州，17年にフィリピン，18年にシンガポール，タイ，インドネシアなどとの間で締結されている。

以上，過去の通貨危機や資本流出危機の経験から，その教訓を学んでいただろうか。いくつかの観点から資金流出に対する耐性を検討できたが，問題は資金流入側への教訓が学ばれていない可能性である。金融の超緩和期が続いた中，新興国が開発資金を過大に外貨建てで調達していればリスクとなる。

これまで，アメリカの金融政策転換を起点として新興国に資金が流入すれば

バブル的なブームを引き起こし，資金流出すれば危機を引き起こしてきた。1982年，メキシコ債務危機は，アメリカ金融政策の転換がグローバルに伝播して新興国に金融危機を引き起こした初期の事例だった。メキシコは1994年にもアメリカの利上げ局面で通貨危機に見舞われている。

　2014年10月，FRBが量的緩和（QE3）を停止し，15年12月以降，小刻みに利上げを繰り返す間，資金流出によって通貨が下落し，景気動向にかかわらず利上げを余儀なくされた新興国が多かった。2019年7，9，10月にFRBが米中貿易戦争の激化に備えた「予防的利下げ」に転じている。米中関係の変化は金融政策を通じても新興国経済に影響するだろう。アメリカによる政策転換がグローバルに伝播して何を引き起こそうとしているのか，現局面はその「Déjà vu」でもある。学ぶべき教訓は生かされてきていただろうか。

【参考文献】

①吉富勝（2003）『アジア経済の真実―奇蹟，危機，制度の進化』東洋経済新報社：
　通貨と期間のダブル・ミスマッチを抱えたアジア経済という観点から，東アジア
　通貨危機を「資本収支危機」として説明する。

②本山美彦（2000）『売られるアジア』新書館：ワシントン・コンセンサス批判の
　観点から，東アジア危機を論ずる。

③J. Bhagwati（1998），"The Capital Myth", *Foreign Affairs*, May/June（沢崎冬日
　訳「資本の神話―資本移動の自由を謳歌するウォール街＝財務省複合体」『週刊
　ダイヤモンド』5月23日：
　資本移動の自由化にメリットがあるとの主張は実証されていないとして，管理能
　力を超えた途上国の金融自由化に警鐘を鳴らした。

[櫻井　公人]

第8章 米中摩擦と人民元

　アメリカから「封じ込め」政策の対象とされた中国は1970年代に国際社会に引き戻され，21世紀にはいって WTO 加盟を果たした。世界経済とのつながりを強めたのは，アメリカの働きかけによる面が大きかった。アメリカには，それによって中国が変わるだろうという素朴な想定があったのである。

　米中貿易摩擦と通貨・金融問題との関連を見るために，米中間の外交・通商政策をめぐる確執を概観しよう。体制の異なる両国が世界経済において交錯する際に，政策の背後にあった想定はどのようなものだったのだろうか。

　技術覇権をめぐる争い，為替政策とその背後にある金融政策，さらには通貨覇権や人民元国際化をめぐる確執など，様々なレベルでの考察が求められる。

　そのために必要なのは，関係緊密化に向かってきた両国のこれまでの歩みと，過去の政策をめぐる論争などをふまえたうえで，変転の激しい現局面を見る眼を養うことだろう。

1　中国経済と米中摩擦

毛沢東路線下の中国経済　1958年の「大躍進」政策の下，人民公社を単位とする農業の集団化が進められたが，政治面での路線闘争が絶えず，経済建設が躍進したとはいえなかった。対外関係では当初親密だったソ連との関係が「中ソ論争」や国境紛争によって途絶え，毛沢東の「自力更生」路線に沿って，外国との経済関係に依存しない経済建設が進められた。

　これを転換したのはアメリカの政策変更である。1971年7月にニクソンは，翌年に訪中予定であると発表した。これは，それまでの対中「封じ込め」を解除し国交樹立を目指すという，政治・外交政策の大転換だった。なお，翌8月に発表された輸入課徴金と金ドル交換停止を含む新経済政策も，戦後のリベラル国際経済秩序の核にあった制度を解体しかねないものだったため，政治・経済両面にわたる2つの「ニクソン・ショック」は世界に激震を及ぼした。これは，ソ連を主要敵とみて中国と結び，さらには北ベトナムに対処するという合

従連衡的なバランスオブパワー政策への転換だった。その前提には，中国を国際社会に引きずり出せば経済発展を遂げ，いずれその政治体制も変わるはずだという，ニクソンとキッシンジャーの抱いた素朴な想定があった。その後の米中関係緊密化の過程で，この想定の妥当性が繰り返し問われることになる。

| 改革開放と |
| 天安門事件 |

鄧小平は，平等と階級闘争を重視して人民公社での共同作業を進める毛沢東の路線では，生産力と貧困の問題を解決できないと考えていた。その路線闘争の中で，鄧小平は3回失脚したが不死鳥のように3回蘇った。1976年，毛沢東と周恩来の相次ぐ死去とともに「文化大革命」が終わり，毛沢東を奉じた四人組が追放された。

　1978年12月以降の中国は，鄧小平の主導した「改革・開放」路線に沿って世界経済とのつながりを深めつつ，自由な作付けを許した農業の請負制や，深圳・厦門などへの経済特区の設置と外資導入によって，急速な経済成長を実現した。鄧小平には「白い猫でも黒い猫でも，ネズミを捕る猫がよい猫だ」というプラグマティズムがあり，また，外交などで目立ち過ぎや力の誇示などを戒める「韜光養晦」という思想があった。また，毛沢東が大きな人口を国力の基礎とみたのに対して，鄧小平はこれを貧困の原因とみたため，いわゆる「一人っ子政策」もこのころ導入された。さらに，巨大人口を抱える中国に西洋型の民主主義はそぐわず，選挙はしないと明言していた。

　しかし，経済発展と対外経済交流の拡大は，たしかに国内に民主化要求の声を生み出した。1989年4月に党内改革派の胡耀邦元総書記の急死を悼む追悼集会が天安門広場で開かれ，その集まりが学生たちを中心とする言論の自由や民主化を求める運動に転化した。5月に戒厳令が出され，学生たちとの対話を続けようとした趙紫陽は党指導部内で孤立し6月，人民解放軍の出動によって天安門広場は多数の犠牲者を出しながら鎮圧される事態となった。そのため国際社会から激しい非難が寄せられた。アメリカ国内でも，対中政策をめぐって激しい論争が起きたが，ブッシュ政権は日本とともに議会などからの反対をよそに中国の孤立を避ける政策をとり，中国との経済的利益を優先した。そこにあったのは再び，さらなる経済発展があれば中産階級が政治的自由を求め，いずれ民主化も進むという素朴な想定だった。

第 **8** 章　米中摩擦と人民元　133

| グローバリゼーション
と社会主義市場経済 | 1989〜91年の冷戦終結期は，政治経済的に大きな画期 |

となった。1989年にベルリンの壁が解放され，マルタ島で米ソ首脳が冷戦終結を確認し，90年には東西ドイツが統合し，91年にはソ連邦が崩壊した。米ソ2極の政治構造から冷戦後へという世界システム変動が起きた。二分されていた市場は「資本主義世界経済」に統合され，市場経済への参加をめざす旧ソ連と中東欧諸国は「移行経済」と呼ばれた。1990年代には，情報通信技術の発展などもあって，ヒト，モノ，カネ，情報が国境を超える「グローバリゼーション」が全面開花した。

アメリカと中国は1990年代に対外経済関係の比重を増し，グローバリゼーションを推進した。「強いドル」政策によって世界から投資資金がアメリカに引き寄せられ，それがより収益の高い外国に再投資された。1990年代にアメリカの人口は2.4億人から2.8億人へと増加し，うち1000万人以上が移民によるものだった。これは20世紀初頭に匹敵する大きなヒトの移動だった。これが堅調な住宅需要を生み，サービス価格の上昇を抑制したことが，好況でも物価が上昇しない「ニュー・エコノミー」と呼ばれた当時の状況につながった。

中国経済にも同様に，①海外からの主として直接投資による資金流入と，②巨大な人口＝巨大な市場，③中西部・内陸部から沿海部への還流型の労働力移動による低賃金の維持という発展要因があった。アメリカ，中国ともにマネーの移動とヒトの移動の活発さに特徴があったのに対し，人の移動もマネーの移動も低調だった日本経済は長期にわたって停滞した。

中国経済では，景気過熱後の引き締め期に起きた天安門事件後に，国際的な非難と国際的制裁があって資金流入が減少し，1990年の成長率は3.9％まで急落した。1992年春，南巡講和と呼ばれる鄧小平の広東省への視察によって改革開放は再加速し，93年の憲法改正では「社会主義市場経済」路線が明示された。市場経済化に向けて1994年に価格統制の解除が着手され，公定為替レートを約50％切下げて変動市場レートに一本化する為替制度改革とノン・バンク金融機関の整理・吸収にも着手された。また，資金潤沢な地方から財政資金を吸収し，増値税（付加価値税）導入による中央政府への財源確保をねらった分税制などの税制改革が1995年から行なわれた。人民銀行は1995年の人民銀行法によって中央銀行機能を強化され，94年に28％にまで上昇したインフレ率を96年

に1桁台に，97年には3％に低下させた。この間，1991年以降はほぼ10％超の高成長が続いた。

| WTO加盟と米中関係 | GATTやWTOにおける自由貿易原則の柱の1つにMFN（最恵国待遇）がある。2国間で結ばれた有利な |

貿易の条件を他の加盟国にも適用する原則であり，特定国を差別しないという意味である。他方で冷戦期にアメリカは，ソ連や中国に対して，1949年のCOCOM（対共産圏輸出統制委員会），52年のCHINCOM（対中国輸出統制委員会）によって，戦略物資の流出を防ぐ輸出管理を行なっていた。

また，政府統制によって価格を決め補助金を多用する「非市場経済国」に対して，MFNを与えるかどうかを毎年審査することが，1974年通商法の第402条ジャクソン・ヴァニク条項に定められている。したがって国交回復の翌1980年米中貿易関係協定でもMFNの毎年更新が求められていたが，問題なく更新されてきた。ところが1989年6月の天安門事件で様相が変わり，激しい「MFN更新論争」が展開された。

1990年代後半の米中関係は激しい対立を内包しながら緊密化に向かった。1996年3月，台湾の総統選に向けた中国の大規模軍事演習には米空母2隻が台湾海峡に派遣された。その後に1997年10月の江沢民主席訪米，98年6月のクリントン大統領訪中，99年4月に朱鎔基首相訪米と続いた首脳外交もあって，WTO加盟問題の年内決着で合意があった。実際，1999年5月のベオグラード中国大使館誤爆事件で危ぶまれた合意は，11月に成立した。

だが，この間アメリカ国内では，MFN更新の恒久化法が民主党クリントン政権から提案されると，これに反対する労組や人権派と対中ビジネス拡大をめざす産業界との間で激しい論争となった。2000年5月に成立した同法は，多くの共和党議員と少数の民主党議員の賛成によって成立した。同年にEUとの間でも同様の協定が成立したことによって，2001年ドーハ総会で中国のWTO加盟が実現した。WTO加盟によって中国の改革が進むというクリントン政権の「関与（engagement）政策」における素朴な想定は，ブッシュ政権に引き継がれた。多くの戦略的利益を共有すれば，中国が「責任あるステイクホルダー」になるというものである。素朴な想定の是非は，ここでもまたその後に続く争点として残されることになった。

中国側にも，WTOや世界経済を「狼」に見立て，多くの時限付きの自由化
要求に対応できるのかという不安と消極論の一方，「狼と踊る（Dances with
Wolves）」ことで発展をめざすしかないのだという積極論が対立していた。

2 21世紀の中国経済と金融

21世紀の中国経済　21世紀の中国経済についてみておこう。2000年に日本
経済の3分の1の規模だった中国経済は，2010年に日
本経済を追い越して世界第2位の規模となり，18年には日本経済の3倍の規模
となった。その前半と後半とでは世界経済における地位を大きく変えた。ま
た，このままいけば2030年ごろにアメリカを超える。

　特徴と課題の第1は，中国経済の資源多消費型の成長という問題である。21
世紀初頭に，中国経済の成長が資源価格の高騰とBRICsと呼ばれた新興国経
済全般の好調（「成長循環」）を生んだが，その後の資源価格下落が「リスク循環」
となってロシアやブラジルなどの資源国に打撃を与えた（→図7-3）。

　第2に，生産年齢人口の減少と賃金上昇によって，それまでの成長を支えて
きた外国からの直接投資が先細りとなったことである。理論的には「ルイス転
換点」あるいは「中進国のワナ」と呼ばれる状態に陥って成長が停止したかの
かどうかが問われている。これは高齢化が「人口ボーナス」をなくし，豊かに
なる前に高齢化した「未富先老」と呼ばれる状態である。そのため「一人っ子
政策」は2016年に停止されたが，人口が増加基調に転ずることはなかった。都
市部の住宅価格と教育費の高騰も大きな要因と見られる。賃金高騰をうけた
「チャイナ＋1」戦略のため，あるいは米中摩擦を避けるため，生産拠点を他
国に移転し本国に回帰する多国籍企業の動きも出てきている。また，「走出去」
と呼ばれる中国企業の外国進出も進んでいる。

　第3に，「中進国のワナ」から抜け出すため，産業の高度化と技術革新とが
求められている。国有企業と外資の合弁でスタートした自動車産業では集約化
を進める一方で吉利や奇瑞，電動車のBYDなど有力な民族系も育ち，生産台
数は世界一となった。ICT産業では，香港に隣接する広東省の珠海デルタ地
帯が製造拠点となり，北京の中関村や広東省の深圳も中国の「シリコンバレー」

と呼ばれる技術集積をもっている。

| 4兆元対策と
3大債務の形成 |

第4に，成長率の低下，公共投資依存の成長と拡大する債務である。2008年9月のリーマン・ショックへの対応で，11月に胡錦濤政権の下で発表された4兆元の景気対策は，地方政府の債務問題という課題を生み出した。政策を担った地方政府が，農地を農民から安価に収容して行なう不動産開発にのめり込んだ。都市と農村の格差を埋めるはずだった都市化政策も，地方政府の農地収容益依存を強め，不動産バブルや鬼城（ゴーストタウン）化を生んだ。その結果，中国経済で不動産開発投資はGDPの約1割を占める。

それまで認められていなかった地方債2000億元の発行が認められ，この枠がその後の景気対策とともに拡大されていった。資金調達に制限があるなかで，地方政府が資金調達のためにつくったのが融資平台（融資プラットフォーム）である。ここには，理財商品（投資信託的な金融商品）に加え，企業の借りた資金の「また貸し」によって調達された資金も流れ込み，これら非正規の資金調達は「シャドウ・バンキング」と呼ばれた。国有企業改革・過剰生産能力処理・構造改革などが叫ばれる引締め期に銀行からの貸付が困難になると，融資平台経由の「融資」が増え，地方政府の「隠れ債務」となる。地方政府の債務残高は2019年10月に21兆元を超え，融資平台債務は19年末に45兆元との推計がある。

景気対策のために手っ取り早く成長に寄与し雇用を生むインフラ投資が行なわれれば構造改革の手綱が緩み，重厚長大の国有企業が息を吹き返す。こうして生み出された鉄鋼，セメントなどの過剰生産と安値輸出は世界の市況を悪化させ，各国との摩擦を招く素地となる。

こういった課題を抱えて2013年に国家主席に就任した習近平は，構造改革を行ないながら安定成長を目指す路線を14年に「新常態（ニュー・ノーマル）」と呼び，16年からの5か年計画で6％台後半の「中高速成長」をめざした。景気対策より構造改革や不動産バブル抑制を課題として意識したことになる。だが，2015年の「チャイナ・ショック」の影響を持ち越した16年の成長減速懸念や，18年からの米中貿易摩擦の激化を受けて，景気対策が求められた。とくに2019年3月の対策は，減税を中心に2兆元と大規模化した。

地方政府の債務と企業の債務という2大債務に加え，第3の債務として家計の債務も浮上している。家計の債務残高が2017年末に対可処分所得比で110%を超え，住宅ローン苦は個人消費と成長を抑制しかねない。インターネットを介して情報提供し個人や自営業者間で短期資金を貸借するP2Pや，スマホ決済企業である京東金融やアリババ子会社のアントフィナンシャルが提供する少額融資サービスである金条や借唄など，急拡大したネット関連融資も家計債務拡大に寄与している。これは，中国における金融の今日的な特徴である。

中国における金融制度の特徴は長らく，国有商業銀行を中心とした間接金融と，人為的な低金利政策（金融抑圧）にあった。貸出し金利が抑制されることで，借り手企業の調達コストを下げる一方，預金金利が抑制されているため，銀行の利ザヤも確保される。これは，預金者から銀行と借り手企業への所得移転といえる。

規制金利下で定期預金金利が低いため，預金者からの高利回り商品へのニーズは大きく，銀行の販売する理財商品や信託会社の信託商品など，規制外のシャドウ・バンキングが盛んになった。1990年に上海と深圳に設立された証券取引所で個人投資家の比重が8割を占めるのも，同様の事情からである。

理財商品は元本保証のない自由金利の金融商品だったが，銀行窓口で売られるものもあって，元本割れリスクを説明されずに販売されるケースも少なくなかった。このように規制金利の弊害が大きくなったため，金融自由化に向けた動きが強まった。短期金利変動による資金コストの変動に応じて商業銀行の行動をコントロールできるような金融制度への転換が求められたのである。

金利自由化では，2012年6月，まず貸出し金利の変動下限を基準金利の0.8倍とし，預金金利の変動上限を基準金利の1.1倍とした。中央銀行が基準金利を示し，それよりやや高い，あるいはやや低い金利が認められるようになったのである。この上限，下限が2015年10月までに撤廃され，銀行金利は一応の自由化を見た。この間，2013年12月に金融機関によるCD（大口の譲渡可能定期預金証書）発行が解禁され，15年6月には個人・企業にもCD発行が解禁された。また，2014年9月に新たな金融調節手段として，MLF（Medium-term Lending Facility，中期貸出ファシリティー）が導入された。国債などを適格担保として中期資金を提供するものである。

また，2019年8月，金利政策の指標を変更する金利改革があった。公開市場操作金利を基にして算出され市場金利に近い新指標として，最優遇貸出金利（ローンプライムレート，LPR）が公表された。これによって貸出金利の低下が誘導され，実質利下げとなり，従来の基準金利の役割が低下した。

中国における主要な金融政策手段は，1984年から行なわれている預金準備率規制だが，日本では91年以降変更されておらず，現在では多くの国で政策手段となっていない。中国では15.5％だった2008年の12月に4兆元景気対策後の過熱対策として緊縮に転じ，10年1月から11年6月まで連続12回引き上げられた後，11年12月に緩和策に転じた。最近では，米中貿易摩擦の激化した2018年と19年に3回ずつ引き下げ，20年1月に大手銀行向けを12.5％に引き下げた。

> **為替市場介入政策** 対外的な人民元相場の管理も金融政策との関連で重要である。1981年に導入されていた公定相場と市場相場の2重為替相場は94年，市場相場に一本化され，切り下げられた。また，中国は1996年，IMFの8条国に移行した。これは貿易などに経常取引についての為替管理を行なわず自由化するというものだが，資本・金融取引の管理は残されていた。1997年の東アジア通貨危機で直接の影響を免れた理由はここにあった。

中国の国際収支（→表1-7）では長らく貿易収支が黒字で，直接投資流入も大きかったために，中国に資金が流入し，為替市場では外貨売り・人民元買いの圧力がかかっていた。これを抑えるために，中央銀行である人民銀行が外貨買い介入を行なえば，対価として銀行部門に渡った人民元がベースマネーの注入となって，インフレ圧力がかかる。しかし，利上げは資本の流入と人民元切上げ圧力につながる。そこで，その人民元を買いもどす資金吸収によってインフレ圧力を回避する操作が必要になる。これを「不胎化」という。人民銀行は不胎化のために政府債を売り続け，売る資産が不足すると2003年ごろから中央銀行手形を発行して資金吸収するようになった。他国で主要な政策手段となっている公開市場操作による調節が中国で主要手段にならないのは，このように外貨買いによるベースマネー供給が大きいためである。

これに対してアメリカ議会では中国を為替操作国認定せよとの圧力が高まった。為替操作については，1988年包括通商法が財務省に「為替政策報告書」の

提出を求め，効率的な国際収支調整を妨げ不公正な国際競争力を得ている国として認定されれば，制裁対象とされることになっていた。1994年7月に中国は為替操作国と認定されていたが，2000年代にも中国の為替介入には激しい批判が向けられ，「不公正な為替相場」を補助金と見なしたうえで対抗的な関税賦課を求めるなど，多数の法案が提出された。

2005年7月には人民元相場はドルへの単一通貨ペッグから2.1％切り上げられ，複数通貨から成る通貨バスケットによる管理変動相場制に移行した。

| 外貨準備，AIIBと「一帯一路」 |

中国の外貨準備額は着々と増加し，2006年1月に日本を抜いて世界一となった。経済外交も積極化し，2000年から「中国・アフリカ協力フォーラム（FOCAC）」などが開催されてきた。外貨準備を原資として，2007年9月，国家外貨管理局（SAFE）が中国投資有限公司（CIC）を立ち上げた。このように外貨準備を原資として国策的な投資を行なう機関を政府系ファンド（SWF）と呼ぶ。CICはアフリカをはじめとする産油国などへの投資を行ない，アラブ首長国連邦のアブダビ投資庁やシンガポールのテマセックなどと並んで著名な存在となっている。外貨準備は経済外交の有力な手段となり，人民元国際化との関連でも重要な存在である（→第3節）。

陸と海との新しいシルクロードに沿ってインフラ開発を進めようという習政権の「一帯一路」構想と合わせて，2013年10月にAIIB（アジア投資開発銀行）の構想が提起された。これは，中国が中心となって開発資金を提供する新しいチャネルをつくろうというものであり，世界銀行やアジア開発銀行など，既存の開発銀行と競合する性格も持ち合わせる。このようなインフラ開発はまた，中国国内の過剰生産能力への対処でもある。

日米は運営面での透明性が確保されない懸念を理由に消極姿勢を続けたが，2015年3月，インフラ開発とその受注にも関心をもつ英仏独伊が参加表明し，12月に協定が発効してAIIBは発足，16年1月に開業した。欧州諸国や韓豪などアメリカの同盟国も創設に加わったため，「アメリカ覇権の終わりの始まり」などの議論も出た。

中国政府じたいも，インフラ整備のための融資や支援を一帯一路構想に沿う地域で展開しているが，それらの返済に困ってそのインフラの利用権を中国に

譲り渡すなど，「債務のワナ」と呼ばれるケースへの警戒も高まっている。ギリシャのピレウス港，スリランカのハンバントタ港が著名である。IMF はモンゴル，モンテネグロ，パキスタン，ラオス，モルディブ，ジブチ，キルギス，タジキスタンの諸事例を事実上のデフォルト（債務不履行）状態とみている。警戒感もあって，タイ，マレーシアの鉄道建設など，延期・中止され見直されるプロジェクトも少なくない。イタリアの中国人民銀行からの借り入れの事例も注目される。

　また，2014年には新開発銀行（通称 BRICS 銀行）も，本部を上海に置き，5か国の均等出資によって発足した。インフラ開発だけでなく，通貨危機に際して相互に外貨供給する機能ももつ。さらに，14年末に発足したシルクロード基金は政府系ファンドであり，外貨準備から65％を，CIC と中国輸出入銀行から15％ずつを出資した。事業や企業でなくプロジェクトに対して，資金を集めて提供するプライベート・エクイティ・ファンド方式（→第 **5** 章2節）もとられる。これは，援助目的の ODA（政府開発援助）などと異なり，収益案件である事業の価値を高めたうえで上場して売却する方式である。2015年4月決定のパキスタンの水力発電事業を第1号案件として，4年で20件の投資を行った。

| 米中関係の帰結と
「米中貿易戦争」 |

米中関係において，ニクソン大統領に始まった中国に対する「素朴（ナイーブ）な想定」は，どうなっただろうか。2018年3月の全人代で，それまで2期に限られていた国家主席任期を撤廃する憲法改正が行われた。素朴な想定は裏切られたのである。その習近平主席は2015年，技術覇権を目指し製造強国となる「中華民族の偉大な復興と中国の夢」を実現するという宣言を打ち出していた。それが「中国製造2025」である。鄧小平の唱えた，能ある鷹は爪を隠すという「韜光養晦」思想を脱する姿勢は当然に警戒心を呼び起こし，「米中貿易戦争」の伏線となった。

　2018年7月以降，アメリカは対中輸入5500億ドル分に，また中国も対米輸入1500億ドル分に対して，それぞれ平均20％にのぼる関税を4弾に分けてかけあう「貿易戦争」が繰り広げられた。だが，米中摩擦では，貿易赤字の大きさ以上に，技術覇権争いや通貨覇権争いの側面が重要である。

　2018年10月，ペンス副大統領がハドソン研究所で行った中国批判の演説を，『ニューヨーク・タイムズ』紙は「新冷戦」の宣言と評した。ペンスは，技術

移転強制や「千人計画」「万人計画」と呼ばれる在米技術者の呼び寄せ政策など，知財獲得のための政策を「盗み」だと非難した。大規模なサイバー部隊を人民解放軍内に擁してハッキングを組織し，政府支援でM＆A投資を技術獲得の手段にし，補助金など政府支援で産業育成していると批判した。

中国はすでにいくつかの分野でアメリカを凌いでいる。中国が独自開発した中国版GPS（北斗）の数はアメリカを上回り，月の裏側への人工衛星の着陸を実現し，量子暗号や高速スパコンなどでも世界の先頭に立つ可能性がある。

かつて冷戦期1960年代にアメリカの危機感に火をつけたのは，有人宇宙飛行でソ連に先を越された「スプートニク・ショック」であり，人工衛星に続く月面着陸での先陣争いに勝利するための国家的産業政策がアポロ計画だった。今や次世代産業基盤となるIoT（Internet of Things）に必須の次世代通信5G分野で，Huawei（華為技術）が先を越している。以上が，冷戦期さながらに科学技術＝軍事技術覇権をめぐる争いとして「米中貿易戦争」が始まった事情である。

関係を緊密化させた挙句の米中貿易戦争が貿易を収縮させ，さらにグローバル金融のほころびを大きくするようなら，その打撃ははかりしれない。

では，「通貨覇権」をめぐる争いはどうだろうか。為替制度改革が進められた結果，IMFは人民元をドル，ユーロ，円，ポンドに次ぐ5番目のSDR（特別引出権）構成通貨として2016年10月から採用した。人民元の実力を認められたとはいえ，アメリカ金融政策変更の影響を受ける状況に変化はない。FRBが2014年にQEを停止して利上げを模索する局面に入ると，中国も他の新興国と同様の影響を受け，15年6月以降，上海市場で株価が急落し，8月には人民元の「切下げ」と再度の株価暴落があった。「チャイナ・ショック」である。さらに，2019年8月，中国は再びアメリカから為替操作国の認定を受けている。

それでも，今後は中国の経済状況や政策変更が他国に与える影響にも留意が必要だろう。実際，人民元切り下げに対して，ベトナムはただちに自国通貨ドンの切下げに動いた。通貨安競争の引き金となる局面も想定される。中国の経常収支黒字と外貨準備の減少傾向（→表1-7）からは，介入によらない人民元相場下落の可能性も視野に入る。人民元国際化のゆくえについては，次節で検討しよう。

3　人民元・国際化の現状

外為市場における人民元　人民元の国際的な地位を，まず外国為替市場（ロンドン市場：世界第1の外為市場，ニューヨーク市場の2.6倍の規模）においてみてみよう（表8-1）。人民元の対ドル直物取引は2013年に33億ドルにすぎなかったが，16年に185億ドルに急増し，2019年には354億ドルにのぼっている。19年にドルを除けばユーロ，円，ポンド，オーストラリア・ドルに次いで第5位（2016年は7位）と人民元の地位が高まってきている。

しかし，ロンドン市場における為替スワップでは2013年に42億ドル，16年に93億ドル，19年に153億ドルで，トルコ・リラを下回り第11位（2016年は13位）で，シンガポール・ドル，南ア・ランドを少し上回る取引額にすぎない。中国当局の諸規制により人民元の短期資本取引が制約されているからである。とくに，ロンドン市場などの海外市場での取引が低位にとどまっている。さらに，ロンドン市場では人民元の対ユーロ取引は直物でもスワップでも「その他」通貨の中に含まれている。取引額が少ないのである。

中国のGDP，輸出額，国際収支，諸規制　外為市場での人民元の地位は以上であるが，2018年の中国のGDPは世界第2位で（アメリカの3分の2，日本の2.7倍，ドイツの3.4倍），中国の輸出額は世界第1位（アメリカの1.5倍，ドイツの1.6倍，日本の3.4倍）である。GDP，輸出額と外為市場における取引額の「較差」はなぜ生じているのだろうか。

そのことを考える前に，中国の国際収支，人民元相場の推移を確認しておこう。2014年まで中国の経常収支は巨額の黒字を記録し，また，外貨準備を除く金融収支もネットで資金流入になる年が多かった（→第1章）。日本，ドイツのように経常黒字を原資とする民間対外投資がそれほど進んでいない。したがって，本来ならば人民元相場は大きく上昇するはずである。しかし，図8-1をみると人民元の対ドル相場は1985～95年にみられた円相場の急上昇（250円前後から100円程度に）よりもゆるやかな上昇になっている。当局が為替相場の大幅な上昇を抑制するために為替市場介入を日常的に大規模に行なってきたからである。それゆえ，中国の外貨準備が2014年まで大きな増加になっている。

第 8 章　米中摩擦と人民元　143

表8-1　ロンドン外国為替市場における取引（各年4月の1日平均取引額）

(単位：億ドル)

直　物	2013	2016	2019	スワップ	2013	2016	2019
①ドル／ユーロ	2,670	1,726	1,761	①ドル／ユーロ	3,314	3,683	5,085
②ドル／円	2,308	1,481	1,051	②ドル／ポンド	1,620	1,474	2,375
③ドル／ポンド	908	726	804	③ドル／円	1,436	1,242	1,627
④ドル／オーストラリア・ドル	745	498	463	④ドル／スイス・フラン	634	739	718
⑤ドル／人民元	33	185	354	⑤ドル／オーストラリア・ドル	616	450	638
⑥ドル／カナダ・ドル	313	396	330	⋮			
⑦ドル／スイス・フラン	241	186	205	⑩ドル／トルコ・リラ	194	275	175
⑧ドル／ニュージーランド・ドル	129	151	141	⑪ドル／人民元	42	93	153
⑨ドル／南ア・ランド	100	82	127	⑫ドル／シンガポール・ドル	103	122	150

（出所）　London Foreign Exchange Joint Committee, *Semi-Annual Foreign Exchange Turnover Surveys* (2013, 2016), Bank of England, *Results of the Semi-Annual FX Turnover Surveys in April 2019* (2019) より。

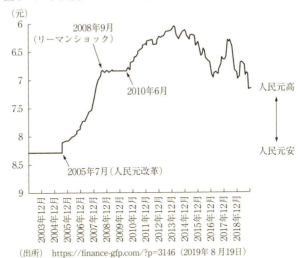

図8-1　人民元／ドルレート長期推移（2003年12月～2019年9月）

（出所）　https://finance-gfp.com/?p=3146（2019年8月19日）

2014年以後についてはのちにみよう。

　さて，上に記した「較差」であるが，それは，中国当局の諸規制によって生じている。まず，為替決済の規制である。海外（香港も含め）の銀行が中国本土内の銀行に人民元建・一覧払預金口座を設定することは許可されていなく，

預金振替による国際決済ができず，海外の銀行どうしの人民元取引には大きな制約がある。非居住者による人民元決済は，香港等の各地に設定された「クリアリング銀行」を通じてなされている（後述）。したがって，中国本土と海外（香港も含む）との間の短期資金の移動は不可能であり，香港等における人民元預金はユーロダラーなどのユーロカレンシーとは発生要因，性格を異にしている（後述）。

　さらに，中国の対内外投資は当局の許可が必要であり，対内直接投資は主には合弁企業形態での投資が概ね認可されてきたが，リーマンショック前後にやっと証券投資の一部が認められるようになった。しかし，それらは当局の認可する金融機関等に限られ，投資額も一定額に枠がはめられるものである（後述）。

「クリアリング銀行」の設立

以上の諸規制のゆえに，人民元取引については先進諸国にはみられない諸事態が発生している。その第1が「クリアリング銀行」の設立である。まず，香港に設立された。香港が中国に返還（1997年）されたが，「一国二制度」の下，香港ドルが香港の通貨になっている。しかし，返還後，本土と香港との間の経済取引，人の往来は増加し，香港への人民元の持ち込み，人民元と香港ドルの交換が高まっていった。香港の諸銀行には人民元の保有が増加してくる。しかし，香港の銀行は本土の銀行に人民元の一覧払預金口座を設定できず，人民元決済がきわめて不便であった。そこで，中国当局と香港当局は，2003年12月に商業銀行である中国銀行の香港法人を「クリアリング銀行」に認定し，香港の諸銀行は「クリアリング銀行」に人民元建口座を設定できるようになった。香港の諸銀行は，持ち込まれた人民元をクリアリング銀行に預金でき，香港ドルに交換することもできるようになった。一方，クリアリング銀行は中国本土内の銀行に一覧払口座をもっており，本店は人民銀行に中央銀行預金口座をもっているからクリアリング銀行は人民元決済ができる。

　しかし，当初，香港の諸銀行はクリアリング銀行に開設した人民元口座の振替による香港の銀行間での人民元決済は認められなかった。つまり，香港での人民元・銀行間市場は認められなかったのである。それが認められるのは2010年7月のことである。これによって人民元の香港の銀行間融資が可能となり，

さらに，香港の銀行間で人民元為替取引が可能となった（後述）。

香港等における「人民元預金」　香港返還後，額は多くないが香港の銀行に人民元預金（オフショア人民元）が形成されてきたが，それが増大するのが2010年以後である（図8-2）。香港の諸銀行がクリアリング銀行にある人民元口座の振替によって銀行間・人民元決済ができるようになったからである。しかし，香港も含め海外の銀行が中国本土内の銀行に一覧払預金口座を設定できないから，つまり，本土と香港も含め海外との間の短資移動はできないから，香港における人民元預金残高の増加には，香港に流入してくる人民元の「特別のルート」がなければならない。ユーロダラーであれば，居住者，非居住者を問わず在米銀行に保有されている一覧払預金が海外の銀行に移し替えられて，ユーロダラー預金（定期性）が形成され，それに対応して海外の銀行は在米銀行に一覧払預金をもつことになる。人民元についてはそのようなことが許されていない。

人民元の「特別のルート」は，第1に中国本土から旅行者等によって持ち込まれた人民元，第2に香港居住者による香港ドルの人民元への転換である。1

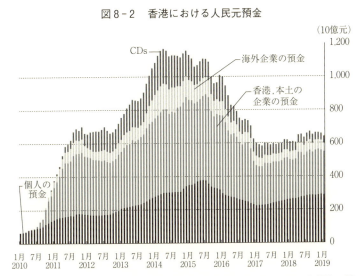

図8-2　香港における人民元預金

（出所）HKMA, *Half-Yearly Monetary and Financial Stability Report*, March 2019, p. 50.

日2万元の転換が認められた。顧客との交換で香港の銀行に生じた持高はクリアリング銀行から人民元の供給を受けることによって解消されたのである（2万元の上限は2014年11月に撤廃され，香港の銀行の持高解消は自前で行わなければならなくなった）。第3は中国当局が各国と結んだ「通貨スワップ」である（人民銀行が人民元を供給し，相手国から相手国通貨を受け取る——2015年5月に32か国と協定し規模は3兆1000億元）。第4は，のちに述べる各種国際取引の人民元決済で流出する人民元である。このようないろいろなルートで香港に流入してくる人民元によって，香港で人民元建債券が発行されたり，香港において人民元融資が行なわれたり，人民元金融業務が盛んになっていった。

しかし，本土と香港も含め海外との間の短資移動は自由ではなく「特別のルート」によって人民元預金が形成されるから，本土の人民元利子率のオフショア人民元への利子率の規定性は弱く，本土内の短期利子率と香港等での短期利子率には差異が生まれる。

また，2010年7月に香港の諸銀行はクリアリング銀行にある人民元口座の振替による香港諸銀行間での人民元決済が可能となったことから，香港の銀行間で人民元為替取引が可能となった。しかし，香港での為替取引の対象となる人民元は，上述のいろいろなルートで香港に流入してくる人民元に限られる。したがって，人民元でありながら，香港に流入してきた人民元（CNH）の為替相場と本土で行なわれる人民元（CNY）為替取引の相場とは異なる（図8-3）。

| クリアリング銀行を利用した人民元決済 |

さて，人民元の国際化でとくに注目されるのがクリアリング銀行を利用したクロスオーバー人民元決済である。リーマンショックによって中国のドル準備にも損失が発生したことを受けて，当局はドルの役割を低下させる意図をもって，香港との貿易などの決済に人民元を利用することを認めるようになった（2009年7月）。それまでは，本土と香港の間での貿易でさえドル建で行なわれていた。2009年7月以後，その貿易の一部が人民元で決済できるようになったのである。香港の銀行が本土内の銀行に一覧払口座を設定することが認められていたら，貿易決済は図2-3で示されていた逆為替の例が当てはまる。ドルが人民元に，円が香港ドルに代わるだけである。しかし，香港の銀行は本土内の銀行に一覧払口座を設定することが認められていないから，クリアリング銀行を経由しての決済となる。図8

第 **8** 章　米中摩擦と人民元　　147

図8-3　CNY と CNH の対ドル相場の差異

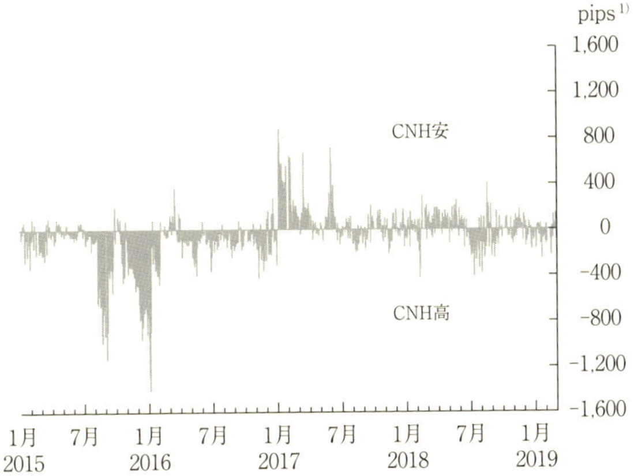

pips[1]

CNH安

CNH高

1,600
1,200
800
400
0
-400
-800
-1,200
-1,600

1月　7月　1月　7月　1月　7月　1月　7月　1月
2015　　　　2016　　　　2017　　　　2018　　　　2019

（注）　1 ）小数点第 4 位。
（出所）　図 8 - 2 と同様，p. 49.

- 4 のようになる。図 2 - 3 のような決済であると，輸出額に相当する人民元は
香港の銀行が本土内の銀行に保有する口座に振り込まれて決済が完了する。と
ころが，それができないから，図 8 - 4 の銀行 M は香港のクリアリング銀行の
口座に貿易代金を振り込み，クリアリング銀行は香港の銀行 L の口座に貿易
代金を振り込むのである。結局，クリアリング銀行は銀行 M に対して人民元
建資産，香港の銀行 L に人民元建負債をもつことになる。つまり，香港の銀
行 L はクリアリング銀行にある人民元口座に資産をもつことになる（人民元決
済はその他の国にも拡大されるが，香港と中国の貿易に多く利用されている）。

　2010年 6 月には人民元決済の範囲が広げられ，貿易だけでなくサービス貿易
にも利用可能となり，現在は，直接投資などにも利用可能となっている。中国
全体のそれぞれの人民元決済の状況は表 8 - 2 に示されている。貿易における
人民元決済は2015年をピークに17年には半分近くに低下してきており，資本取
引における「その他」がやや増加している。

　また，当局は香港の銀行に対して， 3 か月以内に人民元で貿易決済を行なう
顧客と為替取引を行なった場合に限り，その持高を解消するためにクリアリン
グ銀行と人民元為替取引を行なうことを認める（2011年 1 月）。この為替相場は
先に記した香港の銀行間で行なわれる相場とは異なるものである。というの

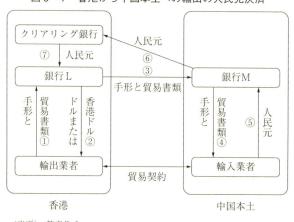

図8-4 香港から中国本土への輸出の人民元決済

(出所) 筆者作成。

表8-2 クロスボーダー人民元決済

(単位：100万元)

年	経常取引				資本取引			
	計	貿易取引	サービス取引	計	中国の直接投資	中国への直接投資	その他
2009	26	20	6	71	—	—	71
2010	3,501	3,034	467	604	57	224	324
2011	15,889	13,811	2,078	5,047	266	1,007	3,774
2012	28,797	26,040	2,757	11,362	312	2,592	8,458
2013	46,368	41,368	5,000	15,972	867	4,571	10,534
2014	65,510	58,946	6,564	34,078	2,244	9,606	22,228
2015	72,344	63,911	8,432	48,698	7,362	15,871	25,465
2016	52,275	41,209	11,066	46,193	10,619	13,988	21,586
2017	43,565	32,657	10,908	48,365	4,569	11,601	31,995

(出所) 人民銀行：*Annual Report*, 2017, p.131.

は，クリアリング銀行は，本土内の銀行と人民元決済ができ，人民元を本土内の銀行から調達ができるからである。したがって，香港においては，香港に上記したルートで流入してきた人民元（CNH）を対象とする為替相場とクリアリング銀行が本土から調達する人民元（CNY）の相場の2つの相場が存在することになった（前掲図8-3）。

第**8**章 米中摩擦と人民元 149

QFII, QDII, RQFII, RQDII

　以上のように，香港の「一国二制度」を利用しながら
の人民元の「国際化」が始まっていくのであるが，次
に対内外証券取引における人民元の「国際化」の状況をサーベイしよう。中国
当局は全般的には資本取引を厳正に規制したうえで種々のライセンスを国内外
の金融機関に与え，運用枠を設定してその枠内での対内外証券投資取引を認め
ていく。中国当局は特定の外国人投資家に国内の証券市場に参画するライセン
スを供与し投資運用枠を与えるのが「適格外国機関投資家（QFII）」制度であ
る（外貨から人民元への転換を伴う投資）。2002年に同制度は発足し，通常，海外
投資家に投資が認められない「A株」などへの投資が認められた。当初の運
用枠は100億ドルであったが，12年以後が増大し19年1月には運用枠は3000億
ドルにも増額されている。しかし，QFIIによる運用残高の増加テンポは2015
年以後鈍り，18年末に1000億ドル前後にとどまっている。

　他方，認定された中国国内の金融機関を通じて居住者が一定の運用枠内で対
外証券投資を認める制度が「適格国内機関投資家（QDII）」制度である（2007年
9月開始，人民元の外貨への転換を伴う投資）。当初人民元が上昇傾向にあったこ
とからQDIIファンドの募集が困難になる現象が起きていた。人民元をドル等
に転換して投資することに損失が生まれるからである。2018年3月末の運用残
高は900億ドル程度である。

　また，香港等で人民元預金が増加してくるのを受けて，「人民元建適格外国
機関投資家（RQFII）」制度が2011年12月に発足することになった。同制度は特
定の機関にライセンスと運用枠を与え，香港等のオフショア市場で累積されて
きた人民元を使って中国国内へ投資することを認めるものである。当初は中国
本土系証券会社・運用会社の香港子会社にライセンスが与えられ，運用枠は
200億元であった。その後，ライセンスは海外の機関にも与えられるようにな
り，香港，台湾，韓国，イギリス，フランス，ドイツなどに大幅に拡大され
た。2017年には2700億元から5000億元に枠が拡大された。RQFIIの運用枠と
運用額の増加が続けば香港での人民元の流動性が逼迫する。そのためにとられ
た措置が香港居住者の人民元の両替規制（1日2万元を限度）の撤廃（2014年11月）
であるが，これによって人民元相場の上昇傾向が続けば香港居住者の人民元へ
の転換がますます増加し，香港から上海への投資が増加するという「循環」が

持続する。他面，この制度は，香港での中国財務部による人民元債券の発行と同様，香港等に流出した人民元を還流させる手段ともなるものである。他方，2014年11月には「人民元建適格国内機関投資家（RQDII）」制度を発足することになった。こちらの方は特定の国内機関にライセンスを与え香港等の海外市場での人民元証券への投資を認めようとするものである。この制度では各機関別の運用枠を設定するのではなく募集金額まで投資ができる。ところが，2015年の中国経済の変調により15年後半から停止され，18年になって再開される。

以上のように中国の対内外証券投資は，先進諸国のそれのように自由に行なえるのではなく当局によってライセンスが与えられた機関投資家を通じて設定された枠内で行なえるもので，QFII，RQFII のライセンスの認可，運用枠の配分には各国の間の，各機関の間の競争が生まれるだろうし，中国当局による各国，各金融機関相互の競争の組織化の手段ともなりえよう。

以上の人民元の「国際化」は一言すれば当局によって「管理された」もの，香港の「一国二制度」を利用したものである。図8-1で示されていたように，人民元相場は2014年にかけてゆるやかに上昇し，1ドル＝6元近くにまでになった。そのために，香港等における人民元への転換・保有が有利となり人民元預金が増加し，それによるオフショア人民元取引が高まっていき，人民元決済もある程度進展した。また，QFII 等による人民元投資が伸長していった。

> 2015年以降の
> 人民元の国際化
> の進展の停滞

ところが，2015年夏に上海の株価が急落し，資金流出，為替相場の下落，外貨準備の減少が生じる事態となった。RQDII も停止された。このような事態を受けて2015年以後の国際化のいくつかの指標をあげておこう。第1は香港における人民元預金残高の減少である（前掲図8-2）。ピークは2014～15年で17年まで大きく減少している。第2はクロスボーダー人民元決済の額である。貿易における決済は2015年がピークで，中国の対外直接投資は15年に，対中直接投資は16年にピークになり，それ以後減少している（前掲表8-2）。第3に対中証券投資（QFII）の伸び悩みである。運用残高の増加テンポは2015年以後鈍り，18年末に1000億ドル前後にとどまっている。それには2016年中期以後の人民元安の影響もあろう。以上のように，2015年以後の人民元の国際化は全体としては停滞していることが確認できよう。

第**8**章　米中摩擦と人民元　　151

米中対立の中で : まとめも含め

人民元の国際化は以上のようであるが，国際通貨化はありうるのだろうか。それは当面あり得ないだろう。というのは，外国の銀行が本土内の銀行に一覧払預金口座が設定できない状況では，人民元決済には不自由が付きまとう（→第**2**章の並為替，逆為替の国際決済を参照）。したがって，人民元の国際的な利用は一定程度進み得ても，人民元の本格的な国際通貨はありえないのである。

　また，中国の国際収支の状況からすれば，本来的には急激な人民元高が生じるはずのところを，中国当局による巨額の為替市場介入によって人民元高をゆるやかなものにしてきた。為替介入による中国のドル準備保有はこれまで対米ファイナンスの役割を担ってきた（→第**4**章参照）が，「一帯一路」構想の出現によって事態は大きく変わろうとしている。「一帯一路」はこれまで累積してきたドル準備を利用して実施されるものであり，「ドルの世界」に挑戦するかの動きになってきた（世銀・アジア開発銀行とは異なる途上国開発）。現在も当局による為替市場介入は続いているが，2018年の外貨準備は189億ドルにすぎなく，為替市場介入によって得られたドル資金は「一帯一路」などに利用されていると思われる（一部は誤差脱漏に入っている可能性も）。

　とはいえ，中国がドル準備を「一帯一路」に使うといっても，当面は中国が保有していたドルを援助国に融資するもので，ただちにドル国際信用連鎖の縮小が生じるわけではない。しかし，「一帯一路」構想が成功していけば，長期的には被援助国と中国との関係が深まり，人民元の利用が高まっていくものと考えられる。アメリカは，ドル準備が対米ファイナンスではなく「一帯一路」に利用されることがはっきりしてきた時点で，いったん中国を「為替操作国」に認定した（2019年8月）。

【参考文献】

①梶谷懐（2018）『中国経済講義―統計の信頼性から成長のゆくえまで』中公新書：中国の債務，不動産バブル，格差などについて解説している。

②童適平（2013）『中国の金融制度』勁草書房：規制金利下の金融制度と金融政策の特徴について解説・検討する。

③小原・神宮・伊藤・門編（2019）『中国の金融経済を学ぶ』ミネルヴァ書房：中国金融の最新情勢を多角的に解説している。

④関根栄一（2015）「管理された人民元国際化の現状と展望」財務省の関税・外国為替等審議会，第25回外国為替等分科会（2015年5月18日）への資料：文章化されていないが，人民元の国際化を論じるために必要な図表が提示されている。

⑤村瀬哲司（2012）「人民元の『管理された』国際化と通貨政策3原則」『国際金融』2012年2月号：2012年ごろまでの人民元の国際化を「管理されたもの」と規定し，大方の賛成を得ている。

⑥奥田宏司（2017）『国際通貨体制の動向』日本経済評論社：とくに，第7章「人民元の管理された国際化」を参照されたい。④，⑤の文献を参照しつつ，クリアリング銀行を通じる人民元決済を論じ，かつ，人民元の本格的な国際通貨化はあり得ないことを論じている。

[櫻井公人（第1節，第2節），奥田宏司（第3節）]

第**9**章 日本の経常収支と金融政策

　すでに第1章で国際収支の仕組み，第2章で外国為替相場について学んだ。本章では，まず貿易収支等の通貨建てに注目する必要があることを指摘する。続いて，中央銀行の金融政策が，実際の為替レートに強く影響していることを学ぶ。最後に，国際収支における金融収支は，直接投資，証券投資などから構成される。異次元金融緩和により2013年には海外から日本株投資が急増し，金融収支のなかで証券投資での資金流入が拡大したことを学ぶ。

1　日本の経常収支と為替レート

日本の貿易
収支と通貨建

　外国為替レートの決定に関し，「貿易収支が黒字，あるいは国際収支が黒字の国の為替レートは高くなる。外貨（ドル等）建の黒字を売り，自国通貨（円）を買うからだ」という見方がある。しかし，この見方は必ずしも妥当しない。第**2**章で学んだように，日本の輸出で円建は40％程度あり，他方で輸入の円建比率は30％程度しかない。日本は，原油等輸入によりドル建で決済（支払）する必要があり，恒常的にドルを必要としている。

　図9-1は，日本の貿易収支と経常収支，さらには第一次所得収支を示している。

　まず，日本の貿易収支は2011〜15年まで5年連続して赤字となった。2016年以降，黒字に回復したが，以前に比べ縮小している。貿易収支赤字には，輸入と輸出の両面で原因がある。まず，輸入が増加した。輸入増加の最大要因は，エネルギー価格の上昇（2011〜15年）である。BRICsと呼ばれる新興国におけるエネルギー需要の増加，中東情勢の不安定化等によって，ドル建原油価格が上昇した。さらに2013年以降，アベノミクスで急速に円安となり，円建で輸入価格が上昇した。また電機関係で，スマートフォン等の輸入が増加した。日本で使用される携帯電話やスマホで，韓国やアメリカ，中国からの輸入品が急速に増加した。次に，輸出が伸び悩んだ。まず，かつては日本の御家芸であった

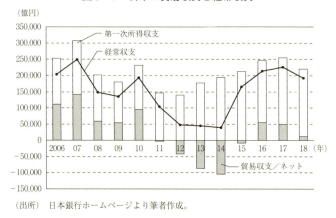

図9-1　日本の貿易収支と経常収支

(出所)　日本銀行ホームページより筆者作成。

電機関係の競争力低下である。日本の大手電機メーカーは，パソコン，タブレット，スマホ等で海外メーカーにシェアを奪われている。次いで，日本企業が海外生産へシフトしたことである。2012年までの円高局面で，日本の製造業は，生産拠点の海外移転を強化した。このため，家庭用電気製品等で海外日本法人からの輸入が増加した。以上の要因から，貿易収支は赤字，あるいは黒字縮小となった。

その後，2014～17年にかけ，原油価格は低下し，貿易収支は黒字化し，経常収支は大幅な黒字となった。しかし，この期間，為替レートは円安になったことに注目する必要がある。

所得収支で経常収支黒字　日本の経常収支は2006年以降，黒字が維持，もしくは拡大されている。貿易収支に第一次，第二次所得収支とサービス収支を加えたものが，経常収支である。貿易収支の赤字よりも，第一次所得収支等の黒字が大きいため，経常収支は黒字が維持されてきた。第一次所得収支の増加は，日本企業の海外現地法人からの配当収入や，海外証券投資からの利子収入が増加したためである。日本企業は海外現地法人に出資しており，配当収入を受け取る。また円安局面では，海外債券への投資も増加し，利子収入も増える。これら海外からの配当・利子収入が，第一次所得収支の増加となっている。また，サービス収支の黒字化も軽視できない。従来は，日本

第**9**章　日本の経常収支と金融政策　**155**

からの海外旅行客が多かったが，最近，海外からの来日外国人観光客の増加が上回っている。

2014年以降，日本の国際収支表は，経常収支と金融収支から構成されている。金融収支は，直接投資，証券投資，金融派生商品，その他投資からなる。2014年度には，金融収支は1,300億円程度の黒字（資金流出）となったが，直接投資の黒字が大きく寄与している。これは，日本企業の対外直接投資が大きく，海外から日本への企業の直接投資を上回っていることを意味する。日本企業が海外で企業をM&A（合併＆買収）で取得した場合も含まれる。証券投資は2013年度に2,000億円を超す赤字（資金流入）となったが，海外投資家の日本株投資が急増したためである。2014年度に証券投資は500億円を超す黒字になったが，海外からの日本株取得が一服する一方で，日本からの海外証券投資が増加したためである。その他投資は銀行貸出などが含まれ，多国籍銀行の親子間での貸出・借入（本支店勘定）が増加しているとみられる。

以上のように，2019年現在，日本の経常収支は黒字（資金流入）を維持し，金融収支も黒字（資金流出）が継続している。これは辛うじて，経常収支の黒字を背景として，資本を海外に輸出していることを意味する。

日本の場合，輸入は原油関係等が中心であり，輸入の通貨建はドル建が中心である。アメリカで貿易赤字がドル建であっても，自国通貨で決済できる。しかし，日本での貿易，特に輸入は，ドル建である限り，海外通貨であるドルで決済されねばならない。これは日本では貿易決済のため，ドルへの需要が恒常的に存在することを意味する。

日本の短期金融市場で，海外の非居住者がドルを円に転換し，国内の居住者が円をドルに転換することを「円転」または「為替スワップ」と呼ぶ。この円転において，非居住者は，恒常的にプレミアム（上乗せ利益）を得ている。ドルの金利が円の金利よりも高いこともあるが，国内からのドル需要が強いためである。日本の国債はマイナス金利であるが，海外投資家は円転により，プラスの利回りを得ている（→第3節）。

円と為替レート

日本の為替レートは，戦後（1950〜60年代），固定為替相場制であり，1ドル＝360円であった。1950年代から高度経済成長が開始され，輸出が増加した。しかし，当時は輸入も増加し，

国際収支の天井がしばしば問題となった。為替規制があり，民間資金によって決済できず，公的な外貨準備により決済された。景気が拡大し，輸入が増加すると，外貨準備の上限（天井）によって，引締め政策がとられた。この時期には，為替取引は規制され，民間資金移動も規制されていたから，経常収支と為替需給，そして外貨準備の増減は原則として一致していた。

　変動相場制への移行は，1970年代前半であった。ベトナム戦争等を契機に，アメリカ経済は相対的に地盤沈下し，米ドルの弱体化が進んだ。他方で，円高の歴史が開始された。また国際収支において，為替取引は自由化され，民間資本移動が加速した。経常収支と外貨準備増減の乖離が進み，民間資本移動による調整がはかられた。

　プラザ合意が1985年に成立した。対ドルで主要通貨引上げを各国が合意した。プラザ合意前には，1ドル＝200〜250円程度であったが，プラザ合意後1ドル＝100〜120円へ，急速な円高が進んだ。日本では，急速な円高が進んだ場合，日本銀行が為替市場に介入し（円売り・ドル買いが中心），円高を抑制することになりやすい。一般に，日銀の為替介入と呼ばれるが，財務省が外国為替資金特別会計で外国為替資金証券を発行し，日銀が引き受けて，円売りの介入資金が調達されてきた。この資金で日銀は為替市場で円を売り，ドルを買ってきた。このため，日銀の為替介入はマネタリーベースの増加，あるいは日銀券増発となりやすかった。1987〜89年の，地価・株価高騰（いわゆるバブル）は，日銀の為替介入と過剰流動性が一因と見られている。日銀が介入することで，結果として民間銀行への与信が増加し，民間銀行は日銀信用を背景に不動産関連等の貸出を増加させた。

　1990年以降，いわゆるバブルは崩壊し，その後長期間にわたり，不良債権処理が続いた。しかし為替レートは日本の国内要因だけで決まるわけではない。ヨーロッパ通貨危機，アジア通貨危機，リーマンショックなどで，円は安全通貨として買われ，たびたび円高となった。2000年以降，為替レートはおおむね80〜130円程度で推移している。

| 為替レートの決定理論 |

為替レートの決定理論としては，主要な学説として2つある。購買力平価説と金利平価説（→第**2**章）である。購買力平価説は，絶対的購買力平価説と相対的購買力平価説からなる。絶

図9-2 円ドルの実勢レートと購買力平価（PPP）

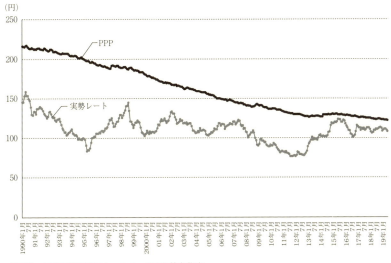

（出所）国際通貨研究所ホームページより筆者作成。

対的購買力平価説は，為替レートは二国間の購買力によって決まるという観点に立っている。単純化して換言すれば，マクドナルドのハンバーガーが，アメリカで1ドル，日本で100円ならば，為替レートは1ドル＝100円になる，ということである。他方，相対的購買力平価説は，為替レートは購買力を基礎としつつ，物価上昇率の変化を反映して決まる，という考えである。すなわち，ハンバーガーがアメリカで1ドルから1.1ドルへ上昇し，日本で100円から105円に上昇した場合，アメリカの物価上昇率10％は日本の5％を超過するため，円高ドル安になると考える。物価上昇は対外的な通貨価値の低下をもたらす，と考える。図9-2は，相対的購買力平価説の観点から，購買力平価（PPP，Parity of Purchase Power）と実勢レートを示している。PPPは常に実勢レートよりも円安レンジにある。逆に言えば，常に実勢レートはPPPよりも円高にある。ただし，2015年には実勢レートの円安が進み，PPPにかなり接近した。とはいえ，2015年でも，実勢レートはPPPよりも円高にあった。2015年にかけて，消費者物価上昇率が少し上昇したため，PPPは横ばいで推移したことが関連している。

第2は，金利平価説である。この学説では，内外の金利格差で為替レートが影響される，また裁定が活発化するため各国間での投資利回りは平準化すると考える。ある国（A国）で，高金利であれば，海外から資金が流入し，為替レートは上昇する。しかし国際金融市場では裁定取引が活発であり，他国と運用利回りは等しくなる。このためB国へ資金は向かい，A国の為替レートは低下することになる。この考えからすれば，A国の金利がB国の金利よりも高い場合，A国の対B国での為替レートは現在のレート（直物）よりも，1年後のレート（先物）が安くなる。このことを，内外金利差は為替レートの直先スプレッドに反映されると言う。金利が高いぶん，将来の為替レートは低下すると予想され，各国間で投資収益率が等しくなることになる。金利平価説では，各国間の金利格差は裁定により収斂する（投資利回りは等しくなる），と前提している。

実際の為替レートは，購買力平価説や金利平価説を基礎としつつ，各国中央銀行の金融政策，金融緩和の程度，それらによる金利格差によって影響される。日本とヨーロッパの中央銀行の金融政策では，金融緩和が続いているが，2％の物価上昇率に固執していないと，為替レートが上昇（円高）してしまうからである。日米の金利格差を保たないと，円高要因になってしまう。なお，日本では，公式には，為替レートは日本銀行と金融政策の管轄外であり，日銀は為替レートに関わる発言はできない。為替レートは財務省国際局，および財務官の担当である。

2　日本銀行の金融緩和と為替レート

異次元金融緩和とは何か　主要国の中央銀行による金融政策は，国際的な資金フローに大きな影響を与えている。米連邦準備（FRB）の量的緩和終了と利上げをめぐる動向は，2014年以降国際金融の焦点となってきた。ヨーロッパ中央銀行（ECB）によるユーロ危機への対応も，注目されてきた。こうしたなかで，日本銀行の金融政策も，国際的な影響をもたらしている。

日本の消費者物価上昇率（CPI）は2000年以降，しばしばマイナスになった。

これはデフレと考えられてきた。マイナスの物価上昇率となった要因としては，実質賃金の低下，少子高齢化と需給ギャップ（高齢化による所得減少と需要低迷），情報化（ネット販売での価格低下），国際化（新興国から低価格品輸入）等が指摘されてきた。

デフレ克服を目標として，アベノミクスが2013年より登場した。アベノミクスは３本の矢であり，金融緩和，財政拡大，成長戦略から成る。中心は金融緩和であり，２％の消費者物価上昇（CPI上昇率）目標を２年で実現するとした。そのために，①マネタリーベースを年間60〜70兆円増加させ２年で２倍にする，②長期国債の日銀保有残高を年間50兆円程度増加させ，２年で２倍にする，③長期国債買入の平均残存期間を約７年とし，２年で２倍にする，とされた。アベノミクスによる金融政策は目新しいようにみえるが，古典派経済学以来繰り返されてきた，マネタリズムに基づく政策である。古典派経済学では，貨幣数量説（マネタリズムであり，貨幣量が物価を規定すると考えた）である通貨学派と，銀行学派（貨幣数量説を批判し，商品量で物価が規定されると考えた）が論争した。金融の歴史で繰り返される，金融政策の基本問題である。

アベノミクスの具体的な政策としては，日本銀行による国債買い切りオペの急増となった。図9-3は，日銀による国債買い切りオペの金額（月平均）を示している。2009〜12年は，主として白川総裁時代であったが，月間換算約２兆円の買い切り額であった。2013年に黒田総裁が就任し，アベクロノミクスが始動し，５月に月間８兆円を超えた。しかし消費者物価は日銀が意図したほど上昇せず，消費税増税による景気の下振れ懸念も強まり，2014年11月，追加緩和が実施された。追加緩和で長期国債買い切り額は11兆円に近づくこととなった。2015年に入り，月間10兆円程度の高水準が続いていた。しかし，2017年以降，日銀による買切りオペ額は減少している。日銀は公式には金融政策を変更していないが，日銀は買切りオペで損失を被っていることが背景にあるとみられる。日銀は，額面以上で国債を買い取り，満期保有している。満期には額面で国債は償還されるので，日銀は損失をだしている。また，日銀の国債保有シェアが高まり，国債流通市場の売買が縮小したこともある。

他方，買い切りオペ増加は，ヘッジファンドなどプロの投資家の期待に働きかけることには成功し，2013年以降の株高，円安をもたらした。しかし，一般

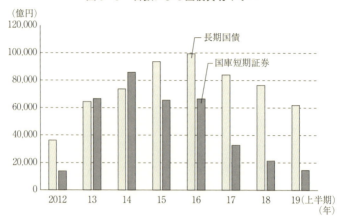

図9-3　日銀による国債買切りオペ

(注)　月平均。
(出所)　日本銀行『金融経済統計月報』より筆者作成。

の物価上昇期待は高まらなかった。20年以上にわたり，デフレに慣れた一般国民が，インフレ心理に転換することは，簡単ではない。

　中央銀行が2％の物価上昇率に固執する理論的根拠は，マクロ経済学でのフィリップス曲線である。インフレ率と失業率はトレード・オフするとし，失業率が低下して，経済成長すると，インフレ率が上昇すると考える。しかし，日本の現状では，失業率が低下しても，インフレ率は上昇しない。失業率の低下は，非正規雇用増加に起因しており，実質賃金の上昇につながっていないためである。

マイナス金利の導入

日銀は超過準備に対し付利してきたが，補完当座預金制度（2008年10月導入）と呼ぶ。第❻章で説明された，ECBのコリドー（上限金利たる限界貸付ファシリティ金利と，下限金利たる預金ファシリティ金利の間で市場金利を推移させる）を参考にしたとみられる。図9-4は，準備預金残高と政策金利を示している。超過準備額＝準備預金額−法定準備額なので，法定準備額はわずかであり，圧倒的に超過準備である。日銀は0.1％で超過準備額の一部に付利している。超過準備に付利を開始した背景として，政策金利たる無担保コールレートが，基準貸付利率（0.3％，かつて公定歩合と呼ばれた）を上限とし，超過準備付利金利（0.1％）を下限とするレンジで動くと

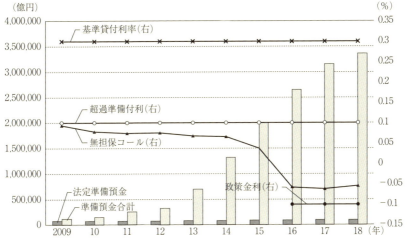

図9-4 日銀当座（準備）預金と金利

（出所）日本銀行『金融経済統計月報』より筆者作成。

期待された。無担保コールレートが0.3％以上に上昇すれば，基準貸付利率で日銀から借りるので，無担保コールレートは基準貸付利率（0.3％）以上には上昇しないと予想された。また無担保コールレートが0.1％以下に低下すれば，金融機関は超過準備に預金するので，無担保コールレートは超過準備付利金利（0.1％）よりも低下しないと見込まれた。量的緩和が強まるなかで，金融政策に金利機能を残そうとしたものとみられる。

しかし実際には，無担保コールレートは超過準備付利を下回り，0.07％程度で推移してきた。投資信託会社等は準備預金には預金できないが，コール市場で資金を運用できるから，コールレートは低下してしまうためである。こうしたなかで，2016年からマイナス金利（−0.1％）が導入された。民間銀行が日銀に預金する当座（準備）預金の一部にマイナス金利が課され，民間銀行が利払いしている。さらに，金融緩和のために，マイナス金利を一段と引き下げる可能性もある。

マイナス金利は，民間銀行に深刻な影響を及ぼしている。直接的な利払い負担だけではなく，貸出金利が低下することで，預金金利と貸出金利の利鞘が縮小し，銀行は貸出によって利益がでなくなっている。マイナス金利は地方銀行

の合併や提携が進む一因となっている。

日銀がマイナス金利を引き下げるのは，アメリカの利下げで日米金利差が縮小し円高になることを抑制する面が強い。為替レートを意識した金融政策は，国内金融機関の収益や経営にも，強く影響している。

3　日本の株式・国債市場における海外投資家

株式市場と海外投資家　第1節でみたように，日本の国際収支，とりわけ金融収支において，証券投資収支は重要な項目となっている。2013年には，アベノミクスにより海外からの日本株投資が急増し，国際収支に大きく影響した。また国債など債券投資収支も国際収支に影響している。こうした観点から，以下では株式と国債について，海外投資家の対日証券投資の動向について検討する。為替レートと中央銀行の金融政策は，証券市場における海外投資家（非居住者）の動向に強い影響を与えている。

日本の株式売買代金における海外投資家のシェアは傾向的に上昇してきたが，とりわけ2000年以降に急速に上昇した。図9-5は株式売買代金の売り付けと買い付けにおける海外投資家のシェアを示している。2004～08年に急速に上昇し，2008年以降ほぼ60％前後という水準が継続していたが，2013年以降再び上昇し70％台となっている。

日本の証券市場における海外投資家とは，国内に居住しない法人，個人を指す。実態としては個人は少ない。具体的には，海外の機関投資家（投資信託，生損保，年金等）やSWF（政府系ファンド），ヘッジファンドなどが中心である。債券の場合には，各国中央銀行が加わる。各国中央銀行は外貨準備の運用先として，海外国債を売買している。

海外の年金基金としては，米CALPERS（カルパース，カリフォルニア州公務員年金基金）などが著名で，日本株も保有している。米英では，州政府公務員や旧国有化産業職員への年金給付のために，公的部門で年金基金が歴史的に大きくなっている。SWFは2種類あり，為替系と原油系に分かれる。為替系とは，外国為替資金との関係で，政府が資金運用しているファンドである。中国准金投資公司，シンガポール政府投資公社等が代表例である。他方，原油系と

第**9**章　日本の経常収支と金融政策　　163

図9-5　株式売買代金における海外投資家のシェア

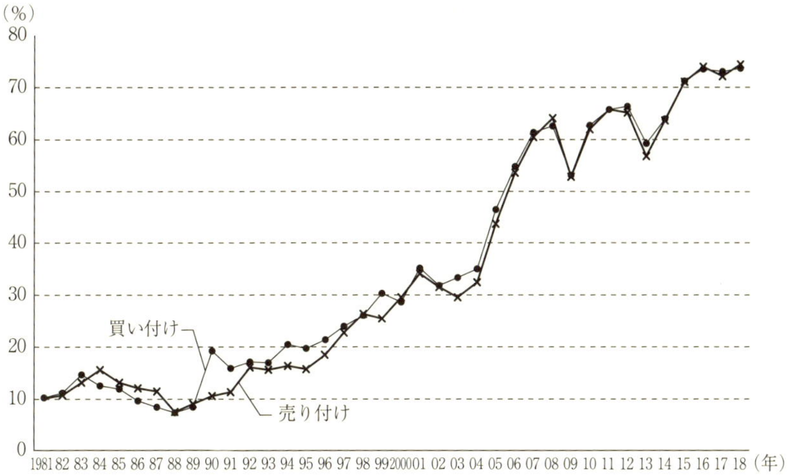

（%）
80

（出所）　JPX ホームページより筆者作成。

は，産油国政府が原油収入を運用するファンドである。SAMA（サウジアラビ
ア通貨庁），ノルウエー政府基金等が代表例である。

> ヘッジファンド
> と　日　本　株

このように海外投資家といっても多様であるが，近
年，日本株で海外投資家のシェアが急速に上昇した背
景には，ヘッジファンドの普及がある。この時期に，海外で大手銀行がヘッジ
ファンド向け貸出を増やしたこともあり，世界的にヘッジファンドが増加し
た。海外投資家による売買代金の半分程度，つまり売買代金全体の35%程度は
ヘッジファンドによるものと，市場関係者はみている。

　ヘッジファンドは自己資金が小さく，銀行借入でレバレッジ（負債比率）が
高くなっている。ヘッジファンドは借入に対し利子を支払わなければならな
い。このため，利子率を上回る運用利回りをあげないといけない。ヘッジファ
ンドの運用が，ハイリスク・ハイリターンとなるのは，借入があるからである。

　ヘッジファンドは，ほぼHFT（High Frequency Trade, 高速売買）投資家であ
り，0.001秒（ミリ）といった高速で売買してきた。しかし，近年では，ミリか
らナノ（1秒間で10億回売買）に進化しており，売買代金の増加につながってい
る。HFT はコロケーションとも呼ばれ，取引所の内部にホストコンピュー

ターを設置し，迅速かつ高速で注文を発している。HFT はコンピューターによるシステム売買であり，システム化されたプログラムによって売買している。またヘッジファンドは先物の利用度も高く，裁定取引などを通して，株価の変動性（ボラティリティー）を高めている。裁定取引では，「先物売，現物買」で開始されるが，「先物買い，現物売り」で取引終了となることが多い。このため，現物の株価が上昇した後，急落することが多くなっている。

　日経平均先物は大阪のみならず，シカゴ，シンガポールでも上場され，売買可能となっている。地理的な分布からも，日経平均先物は24時間売買可能となっており，日本の株価は先物を通じて，海外動向から影響されやすくなっている。

　またヘッジファンドは，ソロスチャートを信奉しているといわれる。ソロスチャートとは，著名なヘッジファンドのファンドマネージャーであったジョージ・ソロスが考案したとされる，中央銀行のベースマネー（現金通貨と中央銀行当座預金の合計）供給量と為替レートの相関図である。ソロスチャートによると，中央銀行が金融緩和を強め，ベースマネーを拡大すると，為替レートが低下するという。日本の場合も，アベノミクスが開始され，日銀が量的緩和を進め，円安が期待されたことになる。日銀による量的緩和が，ヘッジファンドなどの海外投資家に円安と株高を予想させた。2013年以降の株式市場では，円安は輸出企業の業績向上をもたらすと考えられ，海外ヘッジファンドの買いにより株価が上昇したとみられる。

　海外投資家による日本株買いは，通常，ドル売り・円買いとなるので，円高になるはずである。しかし，2013年以降，円安と株高が両立してきた。海外ヘッジファンドは，日本国内の銀行から円建で借入れて日本株を買い，同時にCME（シカゴ・マーカンタイル取引所）で円売りをした可能性が高い。円安・株高という現象は，海外投資家，特にヘッジファンドの動向抜きに理解できない。

| 国 債 市 場 と 海 外 投 資 家 |

国際収支における金融収支のなかに，債券投資収支がある。債券投資収支は国内居住者による対外債券投資と，海外非居住者による対内債券投資によって決まる。現状では，国内居住者による対外債券投資が大きいが，海外からの債券（国債が中心）投資も増加し

ている。株式市場とならび，国債市場でも海外との資金流出入が増加し，国債市場における海外投資家のシェアが上昇している。従来，日本の国債市場は銀行など国内投資家中心であったが，この構造が変貌しつつある。

まず国債（国庫短期証券含む）の保有構造を見ておく。海外投資家のシェアは2005年度に4.4％であったが，2018年度には12.1％へ上昇した。他方，量的緩和で国債買い切りオペを拡大させてきた日銀シェアは，同じく12.2％から43％へ急上昇した。しかし国内銀行は同じく40.8％から，16.7％へ低下した。国内銀行を中心とする民間金融機関のシェアが低下する分，日銀のシェアが上昇してきた。このように，ストックベースである保有構造においては，日銀のシェア上昇が著しいなかで，海外投資家のシェアも漸増している。

かつては，海外投資家による日本国債の保有は，国庫短期証券が中心であった。海外投資家は一時的な円資金の運用先として国庫短期証券を保有し，長期国債をあまり保有しなかったためである。海外投資家は，日本の長期国債の利回りが低いため，長期国債を保有しなかったとみられる。

こうしたこともあり，従来，国債市場は国内投資家中心と考えられてきた。しかし，最近，変化がみられる。まず，国債市場のフローベースである，国債流通市場のシェアをみると，海外投資家のシェアが高まっている。日本証券業協会が発表する，国債投資家別売買代金によると，日銀による売買や，債券ディーラー（銀行や証券会社等の自己勘定）の売買を除くと，2014年頃から，海外投資家は30％前後のシェア（10年長期国債）を占めている。海外投資家は国債保有シェアでは12％程度であるが，流通市場でのシェアは高い。この理由としては，海外投資家は短期売買が中心（売買差益であるキャピタルゲイン指向）であること等が考えられる。また，海外投資家は円転（為替スワップ）で上乗せ利益があり（→第1節参照），国債利回りがプラスになることも影響している。

国債先物は海外投資家中心　こうした傾向は，国債先物市場では一層鮮明となる。国債先物とは，3か月先等の将来における国債価格を売買する市場である。例えば，2019年8月現在では，2019年9月限が最も近い先物であり，9月に国債がいくらになるか，取引されている。同時に12月限も取引されている。ただし，国債先物の取引は，期近物（決済期限が近いもの）に集中する傾向がある。つまり2019年8月現在であれば，9月限の先物が中心と

図9-6　長期国債の現物と先物の売買代金および先物における海外投資家のシェア

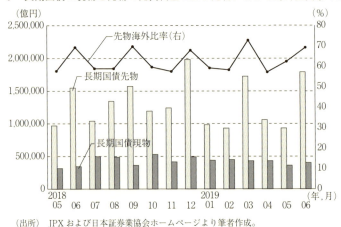

（出所）　JPXおよび日本証券業協会ホームページより筆者作成。

なる。

　国債の現物売買代金（レポ取引を除く，一般取引）と先物売買代金の比較，海外投資家の先物シェアを図9-6が示している。国債の現物売買代金に対し，先物売買代金は数倍の規模に拡大していることが分かる。先物における海外投資家のシェアは60～70％と極めて高いこと，とりわけ3月，6月，9月，12月といった先物の限月（決済月）にシェアが上昇していることが分かる。まず先物の売買代金が現物の数倍に達していることであるが，先物の流動性が高く売買しやすいため，海外投資家を中心に売買が拡大していることが背景にある。現物国債の場合，毎月異なる銘柄の国債が発行され，10年長期国債では120程度の銘柄が存在する。しかし，先物の場合，期近の1銘柄に売買が集中するために，流動性が高く，売りたい時，買いたい時に売買が可能である。このため海外投資家等は売買しやすい先物にますます集中する。

　しかし，国債先物市場は，国債現物市場と密接に関連している。国債先物での価格動向は，国債現物市場の価格動向（あるいは利回り）に強い影響を与える。海外投資家は先物中心に売買し，現物国債の価格形成と長期金利に強い影響を与えることになる。先物主導で，国債現物市場が影響される傾向が強まっている。株式市場と国債市場ともに，海外投資家の影響力が高まっている。

【参考文献】

①代田純（2014）『ユーロ不安とアベノミクスの限界』税務経理協会：南欧諸国の
実体経済を分析し，ユーロ不安は繰り返すと警告。円安を生命線とするアベノミ
クス効果は，ユーロ不安など海外要因で円高になれば，限界を持つと指摘してい
る。

②代田純（2002）『日本の株式市場と外国人投資家』東洋経済新報社：1990年代に
おける日本の株式市場の回復を，外国人投資家との関連で分析した。外国人投資
家の台頭で，日本的経営の崩壊と雇用不安，株価の変動性（ボラティリティー）
上昇がもたらされると指摘した。

③二上季代司，代田純編著（2011）『証券市場論』有斐閣：海外投資家が多用する
先物・オプション取引の仕組みについて，「第9章　デリバティブ」で学生向け
にやさしく解説している。

④田中綾一「日本の経常収支動向と国際収支分析の問題点」関東学院大学『関東学
院法学』24巻3号：日本の国際収支と経常収支動向を，歴史的に見つつ，最近ま
で検討している。

⑤代田純『日本国債の膨張と崩壊』文真堂，2017年：国債市場のリスクとして，国
債レポ市場と流動性低下，国債先物市場と海外投資家，日銀トレードと日銀の損
失を指摘している。

[代田　純]

あとがき

　キャッシュレス化をめぐる動きが顕著である。消費増税に合わせたキャッシュレス化推進施策もあって，各社から「〜ペイ」が乱立した。それらは最先端技術を用いたフィンテックのようにも見えるが，そうではない。QRコードを用いたスマホ決済は，店舗の掲げる印字された静止画像としてQRコードを読み込む場合，すり替えなども容易であって，やや危うい技術である。スマホ画面に呼び出した画像としてQRコードを端末に読み込ませる方が多少とも安全性が高い。スマホ「決済」と呼ばれてはいるが，大企業間の大口決済で使われるものではない。実際，「決済」には，現金のチャージかクレジットカードまたは銀行口座が必要である。なお，日本で20％に満たないとされるキャッシュレス比率データは，推進派の経産省によるものであり，給与の銀行振込みを前提にすれば50％に上昇する。

　中国ではアリババ系のアリペイやテンセント系のウィチャットなどQRコード決済は生活に不可欠となっている。アリババに集まった決済情報は芝麻（ゴマ）信用と呼ばれる信用格付けに用いられている。これを活用することで申請に3分，与信に1分，関与人員ゼロという「3-1-0モデル」と呼ばれる迅速な与信が可能になる。それによってたとえば，大手銀行にできなかった零細企業への与信が容易になり，アリババ系のマイクロクレジット「阿里小貸」が零細企業融資を，また「旺農貸」が農村に特化した融資を行なうようになった。これは保険その他にも応用可能である。必ずしも先端的でないアリペイを起点としたプラットフォームが多様なサービスを網羅する形で進化し，金融子会社のアントフィナンシャルは今や金融ビジネスの一つの未来像を示している。

　フェイスブックの構想した「リブラ」はブロックチェーン技術を用いたうえで，米ドル，ユーロなどに連動させて価値の安定をはかり，その潜在力が注目されたが，中央銀行の慎重姿勢の前に後退を余儀なくされた。間隙を縫って中央銀行デジタルマネー（CBDC）分野で先陣を切ろうとするのが，デジタル人民元である。米中摩擦の過程で中国企業（Huawei）のイランとの取引が把握さ

れ問題視されたのは，国際取引が米ドルを用いて行なわれるからであると中国が考えてもおかしくない。人民元の国際化は道遠いと見られるが，デジタル新領域での試みによってドル覇権にくさびを打ち込む狙いが見て取れる。スウェーデンのリクスバンクによるe-クローナとの先陣争いとなろう。

　本書の副題に，「持続可能性と未来像」を掲げた。現代の国際金融体制はいつまで維持されるのか，どのような変化が生じつつあるのか，その未来像を探るヒントを得たいと考えたのである。かつて「ドル体制」は，「崩壊」しつつあると言われ，ユーロの登場や人民元の国際化などによって動揺し，早晩とって代わられるという見解もたびたび表明されてきた。だが，「ドル体制」は今のところ持ちこたえている。今後の持続可能性はどうであろうか。米中摩擦では，それぞれ分裂と分断をはらむ国内情勢を抱えながらの外交であることが，問題を複雑にしている。中国は，台湾，香港，ウィグル，チベットなどに分裂の可能性を抱え，アメリカは南北戦争という，かつて経験した分断をさらにあおろうというのが，トランプの再選戦略だった。中国の地方政府など3大債務も，リーマンショック前を超えたアメリカの住宅ローン融資残高も，無視できない水準となっている。

　経済社会の大きな変革に際して，幾度となく金融の動向が引き金となってきた。金融に着目して描かれるシナリオも未来像の模索に必要だろう。国際金融を深く学ぶことで，金融を理解するだけでなく，経済社会の未来像を構想できるようになってほしい。本書がそのお役に立てれば幸いである。

　　2019年12月

　　　　　　　　　　　　　　　　　　　　　　　櫻井　公人

【執筆者紹介】（執筆順，＊は編者）

星野 智樹	内閣府経済社会総合研究所研究専門職	第1章
田中 綾一	駒澤大学経済学部教授	第2章・第6章1～2
勝田 佳裕	静岡英和学院大学人間社会学部准教授	第3章
＊奥田 宏司	立命館大学名誉教授	第4章・第8章3
小西 宏美	駒澤大学経済学部教授	第5章
石田 周	愛知大学地域政策学部助教	第6章3～5
＊櫻井 公人	立教大学経済学部教授	第7章・第8章1～2
＊代田 純	駒澤大学経済学部教授	第9章

Horitsu Bunka Sha

深く学べる国際金融
——持続可能性と未来像を問う

2020年3月20日　初版第1刷発行

編　者　　奥田宏司・代田　純
　　　　　櫻井公人

発行者　　田靡純子

発行所　　株式会社　法律文化社

〒603-8053
京都市北区上賀茂岩ヶ垣内町71
電話 075(791)7131　FAX 075(721)8400
https://www.hou-bun.com/

印刷：西濃印刷㈱／製本：㈱藤沢製本
装幀：仁井谷伴子

ISBN978-4-589-04067-1
©2020 H. Okuda, J. Shirota, K. Sakurai Printed in Japan

乱丁など不良本がありましたら、ご連絡下さい。送料小社負担にてお取り替えいたします。
本書についてのご意見・ご感想は、小社ウェブサイト、トップページの「読者カード」にてお聞かせ下さい。

JCOPY　〈出版者著作権管理機構　委託出版物〉
本書の無断複写は著作権法上での例外を除き禁じられています。複写される場合は、そのつど事前に、出版者著作権管理機構（電話 03-5244-5088、FAX 03-5244-5089、e-mail: info@jcopy.or.jp）の許諾を得て下さい。

佐々木隆治・志賀信夫編著

ベーシックインカムを問いなおす
—その現実と可能性—

A 5 判・224頁・2700円

ベーシックインカムは「癒し」の制度にあらず。今野晴貴氏・藤田孝典氏・井手英策氏ら社会運動や政策提言の最前線に立つ論者と研究者が，その意義と限界をさまざまな角度から検討する。ベーシックインカム論の決定版。

羽場久美子編

21世紀，大転換期の国際社会
—いま何が起こっているのか？—

A 5 判・184頁・2400円

英国のEU離脱，米国のトランプ政権誕生から，移民・難民，ポピュリズム，中国・北朝鮮関係，AIIB，日本経済，武器輸出，ロシア正教，中東危機，アフリカにおけるテロまで，いま最も知りたい論点を第一線の研究者たちがわかりやすく説明。

高柳彰夫・大橋正明編

ＳＤＧｓを学ぶ
—国際開発・国際協力入門—

A 5 判・286頁・3200円

SDGsとは何か，どのような意義をもつのか。第Ⅰ部はSDGs各ゴールの背景と内容を，第Ⅱ部はSDGsの実現に向けた政策の現状と課題を分析。大学，自治体，市民社会，企業とSDGsのかかわり方を具体的に提起。

佐渡友哲著

ＳＤＧｓ時代の平和学

A 5 判・136頁・3000円

持続可能な社会のゴールを示すSDGsについて平和学の視点から考察する。SDGsの生成と平和学の展開との交錯を学術的に整理し，SDGsの理念・価値を再考する。平和学が目標達成へ向けてどのような役割を果たせるかを明示する。

橘木俊詔著

日 本 の 経 済 学 史

四六判・300頁・2000円

ユニークな視点から問題提起を行い続けてきた著者が，日本における経済学の歩みを縦横無尽に語る85講話。輸入学問である経済学に日本人がいかに取りくんできたか。幅広い視点に立ち，江戸時代から現在までの軌跡を探求・評価する。

————法律文化社————

表示価格は本体（税別）価格です